500强 主管手记

大数据时代，营销团队就该这样管！

张轩荣 著

内容提要

在互联网思维与大数据工具扑面而来的今天，一些企业发现了创新的“风口”，一些公司落实了转型的战略，在这些最佳实践的背后，都离不开营销思维的变革。

本书透过作者大量亲身实践，运用接地气的笔法，将企业营销部门的游戏规则、渠道、活动量、客户等核心话题玩味烹炒，既可解业内人的疑难杂症，又可令其他行业的朋友萌发兴趣。同时，本书打通了企业管理与日常生活的思维界限，洞察并提炼出彼此的同性，总结出了相通的智慧。

本书适合营销人士、企业管理者以及大众读者参考阅读。

图书在版编目(CIP)数据

大数据时代，营销团队就该这样管/张轩荣著. —上海：上海交通大学出版社，2015
ISBN 978-7-313-13429-5

Ⅰ. 大...　Ⅱ. 张...　Ⅲ. 企业管理—营销管理　Ⅳ. F274

中国版本图书馆 CIP 数据核字(2015)第 163829 号

大数据时代，营销团队就该这样管

著　　者：张轩荣
出版发行：上海交通大学出版社　　地　　址：上海市番禺路 951 号
邮政编码：200030　　电　　话：021-64071208
出 版 人：韩建民
印　　制：常熟市文化印刷有限公司　　经　　销：全国新华书店
开　　本：787mm×960mm　1/16　　印　　张：11
字　　数：144 千字
版　　次：2015 年 8 月第 1 版　　印　　次：2015 年 8 月第 1 次印刷
书　　号：ISBN 978-7-313-13429-5/F
定　　价：35.00 元

告读者：如发现本书有印装质量问题请与印刷厂质量科联系
联系电话：0512-52219025

畅想大数据时代｜前言

又是一个阳光的午后，又在这家闹中取静的咖啡屋，回到了那张熟悉的桌前，点了一杯人参乌龙，我开始了人生中第二本书的构思与写作。

随着近些年广结善缘，我时常被身边一些人的作为所感动，其中不乏年纪轻轻就已经能比较准确地认识自己，找到了特长和兴趣，有了志同道合的团队，甚至在某一领域探索出新商业模式的人。他们不是行业大佬，也不掌握稀缺资源和大笔资金，但他们有个共同点，就是强烈地预感到自己未来必将担负重任，于是使命般地不懈思考与试错，为星星之火输送着燃料。他们中的部分人，现在还只是“草根”，但充满方位感的行动力，使“逆袭”在他们身上成为了大概率事件。虽然他们也听说社会各阶层“板块化”现象日益严重，机会似乎越来越少，成功好像越来越难，但这些却从未吓退他们的决心。因为梦想，他们没有像其他多数人那样选择去抱怨社会或是苟且偷生。相反，他们乍一看似乎显得有些“傻”，整日埋头执着于自己的兴趣，追逐着或许只有一丝希望的期盼。要不了太久，或许5年，或许10年，当他们看似一夜成名的时候，当外人感叹"真是傻人有傻福"或是"瞎猫碰上死耗子"的时候，他们才淡淡一笑。梦想的秘密与甜头，只有他们自己心里知道，也只配他们回味和享受。

在移动互联网时代，人们追梦的这个过程发生了显著的变化。首先是速度变快了，这里的变快有两个维度，第一个维度是指短期的成功或失败这两个方向上的速度，都较传统社会提高了，其中一个重要的原因是信息传播方式的改变。人人玩微信，处处有WIFI，你很容易置身于和竞争者比较的环境中，"点赞"的反馈机制形成了新的评价语境，原来信息闭塞情况下不易发觉的差距，在这个越来越"平"的世界中被放大了。比如老师这个职业，原来教得好不好对其职业生涯影响不大，外界反正也不知道，所以他不急着提高教学水平。而现在网络教学的兴起，你的好与坏要真刀真枪地曝光在所有听众前，听众的投票决定你的去留和发展，如此一来，不迅速提高授课水平的人，还混得下去吗？这样的趋势下，一方面加快了一些性格有缺陷的人的出局，另一方面也使那批"知耻而后勇"的坚持者能获得更多机会。

第二个维度是"迭代"的速度。原来听到"迭代"，总觉得是和IT界才有关系的科技术语，而如今这个词却已不知不觉深入了我们的生活。"迭代"简单讲其实就是超越自我的态度。现在好，不代表以后好，"一招鲜，吃遍天"的美好年代已经过去。我们常听到一句话：站在风口，猪也能飞上天。大家只注意到了风，却忘了本质还是猪，这阵风过后怎么办，等着掉下来摔死吗？诺基亚就是因为迭代速度没跟上，转眼秦砖变汉瓦，立马被速度更快的苹果和三星淘汰掉。过去讲到"弯道超车"时，很多企业好像是把它作为一种战略思想拿来说，让员工居安思危有这么个意识就行了。而现在，赛道变了，处处都是"弯道"，在阶段性胜利的基础上找不到新的突破点，无法快速迭代自己产品或服务的企业，将与梦想渐行渐远。

另一个变化是追梦的门槛变低了，各行业大规模的"业余化"正在出现，先拿"白粉笔"的教育行业来说，过去谁能做教育者？正规师范院校毕业的老师，而其他人去教那叫无证上岗。而现在，几乎人人都是老师，教育定义已由过去狭隘的单向说教转化为以“分享”为精神的思维融通，不需要在规定的时间和地点下进行，大家每天在微信朋友圈转出的链接，不正是对身边人的一种教育和影响吗！再从“白大褂”的医疗行业来看，过去生病只能排队等医生，人家权威嘛。现在，随便一个“健康手环”，便使每个人都成了医生，通过其背后的大数据分析，可以通过你身体各项指标对疾病提前预判。在这个时代，专家将变得没那么重要，这也正好和互联网思维中一直强调的所谓“去中心化”相呼应。

那么在大数据时代来临的今天，企业中销售部门的管理思路又该作何调整？应该以怎样的“心法”和“身法”应对变局，实现超越呢？我又应如何用墨以启发读者打开思路，并获得一看就懂、一学就会的“干货”呢？

首先我想到的是“接地气”这三个字。我曾上大街发过传单，下地库吃过三餐，大风中跑到想吐，暴雨中追过客户，后来蒙老天眷顾和贵人点拨，逐步从支行的销售员干到分行理财主管，再后来又有幸到总行负责麦肯锡等大型项目的营销推动，并获得了总行认证讲师资格，如今在一家互联网金融的龙头企业任财富端的全国总助。伴着这些年的经历感悟，我时常感觉很多文字能真正从心里“涌”出，而不仅仅是编写出来，我相信这份原生态的真挚，大概是内容“有营养”的基本保障。

其次从整体结构设计来看，本书按照营销管理的逻辑顺序，层层深入，覆盖了几乎所有常见的模块，特别是用了不少篇幅谈 KPI 绩效考核这个话题，从制定游戏规则的高度，分析了其对业绩提升的关键作用。同时，加强了对渠道营销的探究，包括了对如何用“互联网思维”批量获取基础客户群的讨论。另外，还导入了公司怎样利用视觉工具，进行体验式营销的话题，为提高企业产品的“能见度”和加快品牌的传播，拓宽了思路。要特别一提的是，大量的案例贯穿了全书的每一个话题点，这些案例的取材具有丰富的行业来源，且绝大多数都是我亲身经历的，相信读者看起来会很亲切。

另外本书侧重把管理与生活相结合，因为企业中屡试不爽的好办法，放在个人身上往往也同样好用。举例而言，营销团队的目标管理，是指主管要学会帮助自己团队中的每个人养成给自己设定一个可量化目标的习惯，并且逐月、逐周甚至逐日进行回顾。那么对于不是销售行业的朋友，甚至包括校园里的学生，如果也能用这样的目标管理方法去要求自己，很快你会发现，生活已经悄悄开始发生变化了。过去一直想做但没做的事，一咬牙竟做成了。再比如"工作量管理"，是指主管为了确保业绩按计划可控地达成，要盯牢"面访量"这一关键指标。同理，对于其他行业的朋友，假如你正打算换一份工作，不妨试着给自己一个简历投递量方面的要求（当然简历本身要漂亮，投递渠道也要合理）。因为失败率虽然比较高，但这也正意味着有那么一点点的成功率。根据大数法则，接到面试通知的时间，取决于你尝试的次数，取决于你是否能在有限的时间内做最大量的行动。

从创新的角度而言，本书首次将营销管理的思想，拓展到了"个人发展"这个话题上。不仅从商业的角度，回答了"是什么"的问题。更从人性的层面，解释了"为什么"以及"还可能发展成什么"的问题。当你理解并运用了这些逻辑的时候，你将真正体会到我写这本书的初衷。同时，如果你能把它分享给身边的朋友，我就更感动了。因为无论你的朋友从事什么行业，无论是否在做营销的工作，这些相通的思想或许都能为他们的生活带来些许改变。

再一次要感谢我的夫人，她承受着我们沪杭双城生活的不易，让我明白了一个温情喜乐的家庭氛围对一个男人的重要性；感谢我的四位长辈，他们在张芮琦小朋友成长中无微不至的关怀与呵护，在事业中无畏的耕耘与拼搏，在信仰上虔诚的祷告与坚守，深深感染着我。感谢我的领导尚筱，给了我进一步实践与磨练的平台，使我的管理思想得以验证和完善。也要感谢我所有的亲朋好友，在得知我又一次动笔后，送来的祝福与鼓励。

最后还是要感谢选择这本书的每一位读者，正是因为你今天的决定，为我们彼此的人生带来了希望；正是因为你今天的分享，为软弱的人带去了刚强；也正是因为你今天的行动，让你在自己通过了成功之门后，转身又将这些经验与机会，传递给了更多正在努力改变命运的朋友。

再度启程之时，忽然想起许巍的那首著名的《蓝莲花》中的一句歌词"当你低头的瞬间，才发觉脚下的路"。朋友们，让我们再一次因为梦想而相聚，因为希望而踏实前行。

因作者水平有限，书中疏漏之处在所难免，欢迎各位前辈和广大读者不吝赐教。

张轩荣

|目录| Contents

人选不对，是后续一切灾难的开始。我们很难做到十分准确，一些问题可以留给后续的培训去解决。但至少，我们可以通过营造一个尽量真实的环境，去抵消应聘者提前准备的“美颜术”，使他们“裸妆”出镜，由其性格资质自己去“说话”，从而找到真正的“好苗”。

许多年前，当我刚被任命为一家银行财富管理的区域主管时，与老板去南京出差。路上，她同我闲聊起来，问到：“Tony，你对目前行里的 Training Road Map(培训路径图)怎么看?”这一下把我问傻了，对于一直埋头做业绩的人，连听都没听说过这个其实挺平常的词。我不善于不懂装懂，便弱弱地问了一句：“什么 Map?”

你是他们最终投产前，质量检测的最后一道关口。训练水平欠佳的人，你不要抱着侥幸心理，幻想他在面对真正客户时，能够超水平发挥。这就像参加奥运会百米赛跑的田径队员，你敢指望一个训练成绩只有 12 秒左右的人夺冠吗？不现实！

她身为高管，却有着一种同样位置的人通常所不具有的细心与洞察力：可以发现某家分行下，某个支行里那位和她不知差了多少级的销售员一点一点的进步。为了做好这一点，她常常在下了班后，依然戴着眼镜，敲击着计算器，借助尺子和荧光笔，在 A3 大小的报表中，透过纷繁庞杂的数字，找到那位散发出淡淡光芒的员工。

“暗时间”这个词近些年开始流行起来，讲的是我们在一个时间段中做了一件事后，可能并没有涉及推理的过程。而只有靠推理才能深入理解一件事物，以加深经验教训对你未来的指导作用，这部分推理的过程就是思维时间，也就是所谓的“暗时间”。

好多时候，我们停留在用“手榴弹”的阶段，看到敌人，甭管啥情况，把引信一拉，扔出去再说。可扔的位置好不好？有几个人炸死？却一概不知。这就是典型的“开环”思路，即用一套事先准备好的打法，去应对各种体型的对手。

有一天，远处蹦蹦跳跳地跑来了一只“机器猫”。它掏出一台Iphone10s，向你展示了几款你一直关注的车，全是市场最低折扣；并且承诺，你只需做一个动作——摇头或者点头，如果摇头，它立刻消失，一旦点头，后续所有的流程，甚至包括把你的旧车卖个好价钱这些事儿，都由它搞定。扪心自问，你觉得你会拒绝吗？

一天，我看到一位同事似乎有些懊恼，盯着手机一筹莫展。过去一问才知道，这姑娘正在下载苹果IOS7.0系统，据说因为网络“卡”，已经下了4个小时都没成功。我有些费解，说道：“既然这么麻烦，就别下了嘛。”谁知对方回道：“不是冲着它图标颜色的升级更新，我才不会等这么久呢。”

投诉的产生，就是"不确定性"定律的又一证明。如果你抱着因果思维去找这些无厘头事件的原因，你会陷入一个令人疯掉的怪圈。这就像一个敏感、脆弱、惶恐的人，总是特别纠结自己的某句话，是否会引起别人的不快。

4S 店的主管一看这情况，赶紧赔礼道歉。是啊，你还好意思说啥呢？因为销售的愚昧，潜规则中那最低的 2 000 元收不到是小事，关键是把公司的信誉搭上了。客户的体验一塌糊涂不说，她身边有几个本打算在这家店买 Mini 的朋友，听完这事，也都被吓跑了。

他们给了我朋友两个选择："如果您不介意更换航空公司的话，我们查到意大利航空有一班将于下午 1 点 50 分飞往上海，但中转罗马的时间比较长……另一个选择是法国航空下午 4 点的一班，中转巴黎，您到达巴黎的时间正好可以赶上吃晚餐。"

如果没有报表，如何衡量公司 KPI 的进展？换句话说，怎么知道自己跑到哪儿了？连米粉店的老板，都会常备一个小本子，记下每碗面的销售额。晚上回到家，点根蜡烛也要算算，再卖几碗，这个月就能回本赚钱了。

这有点儿像房地产开发商：拿到一块地，除草平整后，盖起了商品房和店铺。然后招商引资，完善配套。最后，进行销售宣传，等待收钱。结果一段时间后，发现资金回笼很慢。于是，各部门坐下来分析原因，一阵七嘴八舌后，老板出场总结陈词，结果销售部门被骂得最惨。

企业中的两个人哪怕中间就一个玻璃板，坐着都能相互看到，也要兢兢业业地点开一个“新邮件”窗口，苦苦斟酌半个小时的英文辍词，再核对语法后发送给了对方。可悲的是，收到邮件的那哥们儿英文也不是太好，用“金山快译”把你的东西汉化后，再连猜带蒙地理解你的意思，又过去了 15 分钟。

我们不要以为自己很了解自己，事实上，我们中的绝大多数人，并不确定自己的专长和能保持浓厚兴趣的热点在哪儿，更看不清未来可能取得些许成绩的事业轮廓，怎么办？大胆假设！

静止不会出错，但也绝不会成功；运动难免失手，却注定成长。没有一个强者，不是在看似没头没脑的反复碰壁中，总结出自己的一套穿墙术的！

第一章 玩转 KPI

KPI(Key Performance Indicator,KPI),三个普通的英文单词首字母缩写,一个典型的西方管理学舶来品,翻译成中文是“关键绩效指标”,早已被国内各行各业无数的公司奉为管理“神器”。在 Google 的关键词搜索中,以 2 900 万次的相关信息检索量,位列职场最热门词汇之一。平时我也常常听到身边的职场人士有意无意地招呼一句,随意中透出了几分暗爽。

前几天应活动之需,我去小区旁新开的一家图文设计室做一个易拉宝。刚进店里,就感觉他们的办公区有些吵闹。竖起耳朵一听,原来是老板正在教训一个雇员。寻着声音一看,正巧老板丢出一句:“你这样下去别想完成你的 KPI 了!”哇,这么厉害!一家 4 个人 10 平米左右的小店,也谈上了 KPI,真是厉害。从他们店出来,我有些感慨,重视考核固然可喜,但 KPI 究竟是什么?是不是每个公司都应该有一套所谓的 KPI 体系?操作中的难点与技巧又在哪里呢?

很多年前,当我自己在前线拼杀的时候,很少留意公司给我的指标,认为这根本不重要。我是要拿 Top 的人,关心的是可以冲到前几名,可以领到多少提成。同时我留意到，另一批业绩不大好的同事，也不怎么关心自己的指标，原因是反正也完成不了，公司爱定多高定多高，就当没看见，也不至于丢了饭碗。还有一批业绩中游的同事，当他们发现在付出较大努力后，自己的提成和荣誉，与那些完不成指标的人之间差别并不大时，他们通常会倾向于选择不完成指标。这个现象很有趣，往深里想，似乎有点像博弈论中的纳什均衡，当他们把其他同事当成竞争对手，而企业的激励又不到位时，这种趋势会表现得更加明显。

后来自己到了总部，角色发生了相应的转变，因为角度的不同，对指标也有了新的理解。从过去被动的接受者，一下子变成了游戏规则的制定者，开始慢慢学会站在战略管理的高度审视指标问题了。

那么，究竟啥叫 KPI 呢？百度百科中对它的描述是“关键绩效指标法”（KPI），即企业把对绩效的评估，简化为对几个关键指标的考核，将关键指标当作评估标准的一种方法。这读起来是不是有些拗口？

让我们试着换一个角度，**将企业里的 KPI 想象成商业交易中的“货币”，其本质是以一种“一般等价物”的形态存在着的，可量化的“企业目标通货”**。通过这个抓手，企业不仅对内可以反映其背后的企业战略，搞活经济，还可以与外部进行利益交换，出口创汇。怎么样，这么一想是不是有点意思了？企业战略与愿景，通过可量化的目标来表现，量化的目标则以 KPI 为单位进行度量和调节，一个抽象概念好像快要落地了。

将 KPI 想象成货币，究竟为我们的规则制定者能带来哪些启示呢？接下来，请大家思考这样几个问题：员工或是企业的管理者是否只注意到了这些“货币”即 KPI 本身，而忽视了其所代表的真正主人——企业战略？如果 KPI 可以被看做是一种“货币”，那么它会贬值吗？如果贬值了，持有它的员工会有感觉吗？我们再进一步去想，企业对内应以什么“汇率”兑现员工在组织中的个人利益？对外而言，企业又应如何设计这些“货币”，以换得更多的现金流和差异化的企业形象呢？

带着这一串问题，让我们一起走进企业的销售部门，看看他们要如何规划，才能把这些“货币”花得更有效率。

第一节　考核指标项也会“通货膨胀”？

武术界长期流传着一句话，叫做“伤其十指，不如断其一指”。意思是在一场搏斗中，你费了半天劲将对手的10根手指全部打伤，还不如集中力量，搞断他一根手指来得厉害。这乍一听有点血腥，不过却值得我们思考。

不知为什么，我们很多时候做一件事时，总喜欢面面俱到，追大求全，好像方案不写个十页八页的，就对不起读者一样。殊不知KPI这个“目标货币”正在我们的过度“印刷”下，悄悄地贬值了。

前些日子我在当当网搜索市场营销类图书时，无意间发现排在新书销售榜第一的是《史玉柱自述》。后来发现其在亚马逊与京东的排名均列第一，不愧是名人。为什么到今天大家都对他还如此有兴趣呢？可能他几十年大起大落的坎坷阅历，本身就是一本生动的教科书。在这本书里，他对当年巨人集团的失败进行了深刻的反思，他认为是企业极盛时大而全的扩张导致了最后的灾难。

在1989—1992年这三年间，他凭借数学专业的功底与对市场的敏感度，将企业规模从10万元带到了1个亿，资本的几何级数增长令他感到自己无所不能。于是，他从熟悉的软件领域，快速拓展至保健品、电脑硬件、房地产等多个行业。然而，人才与管理的滞后，根本无法支撑这个满目疮痍的躯壳，巨人迅速由兴转衰，轰然倒下。“史大胆”的厉害就厉害在善于总结上，其后卧薪尝胆不断探索，终于成就了从负债2.5亿到2007年其网络公司在纽交所上市的辉煌传奇。每天早上，当我走进银行大厦的电梯里，网游《征途》的炫目广告，都会重复地出现在眼前。这个打不死的“小强”，仿佛用它曾经的败局不断提醒着我们：不要多，只需专心做好“一件事”。

讲了半天“巨人”的故事，这与设计 KPI 有啥关系？太有关系了！就凭“专注”这一件事，在史玉柱身上就被来来回回证明了多次。而我们有些朋友，好像不太善于学习，非要自己摸着石头再走一遍。

在今天这个被称为 Web2.0 的时代，我们可以很容易地免费获取到各种数据，这就等同于我们可以毫不费力地知道市场同行的主要战略，甚至了解到他们的 KPI 细节。面对这样的数据诱惑，不少企业喜出望外，行“拿来主义”之风，还以为占了大便宜。为了更精确地加以掌握，某些公司甚至安排了小分队，深入敌方，研究同行的指标，重点在于挖掘这些公司为什么会制定这样的指标。经过这场劳民伤财的、用“因果分析”思路解决的一个个“为什么”的疑问后，得出的结论，往往伴着一拍大腿般的兴奋——原来别人的每项指标都有他的意义，值得借鉴！这种自己预先的假设被证实的快感，促使他们迅速做出了近乎一致的决策——博采众长，合并成一个综合性的方案。

全面发展导致全面平庸

还记得我们小时候上语文课，老师让我们总结文章的中心思想。得分最高的，总是那些善于用逻辑缜密的因果分析并加上一定的想象力，把作者想到以及没想到的，统统整理出来的那些人。我们从小就被告知，综合的才是最好的，于是便有了“综合体”、“综合频道”、“综合症”等奇奇怪怪的字眼出现。在因果关系主导的惯性思维下，一些“德智体美劳”全面发展的考核方案应运而生，并得到了决策层的支持。

一次，去朋友开的猎头公司讲企业文化。课间，该公司的人事部负责人来找我，说探讨下他们的 KPI。我有些诧异地赞美道：“不错啊，你们这么重视考核。”“是啊是啊，领导很重视，这是我们今年的考核方案，参考了不少其他猎头的做法，应该说比较全面了。”说着，她递过来 5 张 A4 纸。

我留意到她用了“全面”这个词，于是收起笑容，认真地浏览起这份

KPI。随手一翻，竟发现是双面打印的，有 10 面。忽略掉长达 2 面的框架性废话外，如“领导的指导与关怀”等套话和背景说明，我终于看到了关键字——考核指标项的定义及权重。难道接下来的几页都是这个内容？我连忙向后翻，发现他们这家处于起步期仅 10 个人的公司（其中 2 个人做行政工作），竟洋洋洒洒地列出了如“中介费收入”、“签约机构数”、“个人签约数”等 10 项指标，占了整整 7 面。最后仅留下一面，半面写了员工考核规则及频率，半面写了提奖方法。

“你们公司需要这么多指标啊？”我合上方案，微笑地问了一句。

“你有所不知，我们行业现在竞争特别激烈。跨国外资猎头垄断了高端市场，我们民营公司的大部分时间都在做年收入 20 万元以下的小单。利润空间很薄，所以必须要加强考核力度。”这位主管百感交集地说。

“那么这个考核制度实行多久了？效果怎么样？”我追问到。

“搞了 2 年多，也不断在调整，应该说现在这版是比较全面的了。但坦白讲，效果不是太好。”她好像在思考着什么。

“你们是怎么样确定考核指标的？这些关键指标是否能反映你们本年的战略导向？考核频率和提奖方法是否能让顾问们觉得有利可图？”其实，我此刻很想告诉她，**一个好的游戏规则的标准，根本不是比谁的内容更全面，考核是为服务战略而生的，这才是根本**。而她张口闭口所谓的“全面”，不正是将自己变成警察抓小偷故事中的那个警察了吗。开始的初衷是抓坏人，结果追着追着变成和小偷赛跑了，超过去了还回头嘲笑小偷没她跑得快。

在我问完这 3 个问题后，她显然已经没有了一开始的轻松，回答起来思维跳跃不定。一会说他们这个行业基本都是这些指标，一会说可以保证顾问们多劳多得，最后她就每项指标制定的目的，一一又同我说了一遍。我根本不怀疑，他们的出发点一定是好的，就单一指标而言，可以说有的放矢，头头是道。但我发现，他们公司其实从来就没搞清楚 KPI 的基本精神，这才是导致效果一直不佳的根本原因。很多时候，正因为我们已经走远了，才要时不时地反思自己的路是否始终行在正道上，这个习惯可以保证大方向不偏。

那么为什么单一指标按因果思路分析都有道理，一旦组合在一起就不灵了呢？比如这家猎头公司，因为要拓展下游跳槽的个人客户，所以将“个人签约数”设为指标之一，合情合理。要增加收入，所以把“中介费收入”也设为指标，也没问题。但深入推敲，就很容易发现他们之间存在一定的覆盖关系。前者是过程性指标，后者是结果性指标；前者强调“做大”，后者侧重“做强”。彼此有些暧昧，拿掉了谁都不忍心，全部保留却又好像分散了火力。

我们再以银行的销售指标为例。我问你，有效客户数重不重要？一定重要！这是我们的基础客户群；理财销售量重不重要，当然重要！可以增加我们的中间业务收入；贷款重要吗？必须的！可以直接带来息差收益。好了，如果全部得到的是你比较肯定的回答，那么我继续问你，信用卡开卡数、工资代发量、网银客户数、第三方存管数……这些银行常见的销售指标重不重要？你可能就会迟疑了，但或许马上意识到：这几个指标与前几个在重要性上好像存在差异。那么请你继续思考：是不是很多指标间会出现交叉统计的情况？比如一个客户在网上购买了理财产品，你在拿到中间业务收入考核分数的同时，又顺便拿到了网银客户数的考核分数(假设以上所有指标均被列入 KPI 考核项)。网银不是目的，是一种过程性的“圈客”手段，是工具。但你看，这样的考核将手段与目的放在了同一个水平面去考量，并且你得到了同一个客户一种需求向下的两笔奖励，这是否有什么不妥呢？

一些企业想了想说：“没事儿，指标项多？通过指标的权重来调节不就行了！”于是我们看到，一张偌大的 A3 纸，横过来打印 KPI 指标都嫌短，无奈名目太多。还有些企业说：“奖励这个部分太好协调了，从关键指标上切点钱放到其他指标上不就结了？羊毛出在羊身上。”那么我想问，既然你也知道有“关键”指标和“其他”指标的分别，为什么不直接去掉这些所谓的其他指标呢？还可以给“表哥表妹”这些数据维护人员节省工作量。那么你在担心什么呢？看到这儿，你也许笑了，心里暗想，我根本不了解你的深谋远虑，这是为将来的产品配置与“开源吸客”留下伏笔。放心，我不仅举双手赞同这样的初衷，而且觉得这都不够，应该有更详细的过程性指标项对其加以约束。这里要提醒的是考核思想需分步骤一层层地深入，而不要将各层面的需求，简单堆砌在 KPI 中，这样往往适得其反。有关这个问题，我将在后面的章节中深入探讨。

问题还不止这些，还记得 KPI 是企业的“战略货币”吗？关键指标项的繁冗，所导致的另一个直接后果就是公司目标的“通货膨胀”，为什么这么说呢？你把员工搞乱了！大伙根本看不懂企业到底在释放什么战略信号，也搞不清企业主要的目标期待。更可怕的是一批业绩平平的员工，会充分利用这其中的指标项“重叠空间”，耍些小技巧，轻松弄到些辅助指标项上的得分，从而起死回生，心安理得地飘到安全区。这种现象，在老板头脑发热，阶段性地大推某些过程类的指标时，更为常见。

接下来会发生什么呢？要么是企业某天突然发觉盈利滞缓，开始反省原因时，辅助指标将率先“贬值”，而后很快就蔓延到核心指标，最终痛定思痛，决定推倒重来；要么压根就没发现是考核导向有问题，简单地认为员工态度有问题，开几个会训训话了事。据我观察，后者的出现概率远高于前者。

这种趋势有点像房价泡沫，一旦破裂，外围房价先受到冲击，随后辐射到中心区域，失控混乱在所难免。民众在你的无视和默许下学会了远离，惹不起还躲不起吗，不交易了行不行，于是市场陷入交投清淡期。政府税收下降，最后倒霉的还是国家。企业不比政府，最后管理层没法向股东交差，怎么办？换两个人试试？结果，连那些本想努力做事的好员工，在这种标准混乱的环境中也受到冲击，这对他们公平吗？

全面发展往往导致全面平庸，我们已经在这个问题上不止一次地吃了亏，到了必须要做一个选择的时候。如何才能去繁就简地把握企业的阶段性战略，令 KPI 焕发出本应有的指挥棒光芒呢？

从“为什么”到“联系是什么”的转变

无论你是否认同或愿意，人类都已不知不觉地走到了“大数据”时代的门口，未来的一个趋势是：人们将逐步放弃对事物因果关系的渴求，取而代之的是对相关关系的研究与关注。如果不改变“小数据”时代的思维，很可能在这轮浪潮中迷失方向。

大家一定听说过手表效应：当你只有一块手表时，可以比较准确地知道时间。而当你同时带上两块或者两块以上的手表时，它们不仅并不能让你得到一个更准确的时间，有时反而会给你制造混乱，甚至会让你失去对获得准确时间的信心。过去我们的思维认为，每块表都有它的不同科技与存在的道理，不妨找两块廉价的表给自己更多的参考。而现在，我们可能会多花点时间去淘一块有品质的好表，贵一点不要紧，偶尔有几秒误差也不重要，我们决不会用另一块表去修正这个误差，因为我们确信，这一块表对于掌握时间而言已经足够了。

从相关性角度来看，表的不同的性能和口碑给了我们比较的依据。对于一个干练的职业男性而言，一块 IWC 或是 Montblanc 的自动上弦机械表可能就是一个不错的选择。它的设计考虑到了自动、准时、质感、专业等多种需求间的相关关系，呈现出一种覆盖性的整体优势，使你不用再去纠结应该分别去挑一款什么样的表，以对应自己的每一个需求。

有了相关关系的概念后，我们来看看它对指标项的选择标准，权重设置给出了怎样的参考。你现在就可以摊开你手中的 KPI 指标项，虽然我看不到，但基本可以断定，你们中绝大多数人手里的版本是超过了 5 个指标项的。这意味着，这些指标项可能已经有些“通胀”了，只是你还不知道。需再次强调的是，这里的指标项是指核心指标项即 KPI。我十分认同要设置更多的过程性、渠道性的指标来检验销售的过程，但这属于精准化营销的范畴。

了解了相互覆盖，那么接下来的问题是，应该让谁覆盖谁呢？这其实取决于你公司所处的发展阶段。**对于一家成立时间较短的销售型企业而言，如果在指标项的选择上侧重结果性或质量性的指标，无异于杀鸡取卵**。而应放下幻想，多使用些过程性的、规模性的指标，从而稳扎稳打地拓展基础客户群。对规模较大、市场占有率较高的成熟企业而言，指标项的设置策略正好相反。

两年前，我们小区几乎同一时间，一东一西地开了两家美发店。我通常一月要剪一次头发，由于不爱办卡，不会固定选择某一家，因此在两家店都混了个脸熟。东边那家店的位置更优，掌柜的是个青年人，门面开得较大，价格较高。西面这家店的周边人流相对较少，老板是一对憨厚老实的中年夫妇。

去过几次，我就发现两家店的策略完全不同：每次去东面那家店时，我都会被他们的理发师挑出几个发质的问题，建议使用他们家的护理产品。同时，不厌其烦地介绍我办卡。一次，我与他们的一位店员趁洗头的功夫闲聊，我说道："你们店的员工好像都很敬业啊，一个个都像是啄木鸟，变着法子一定要在客户身上啄出点花样。"

她摇摇头说："没办法，我们的基本工资几乎没有，都是靠利润提成过活的。所以逼着我们一定要在每个客户头上挖掘最高的利润。像你这种我们明示暗示都没用，依然顽固地只做'洗剪吹'的人，我们基本赚不到啥钱。"

我苦笑着说："有这么惨？那你觉得他们推荐我用的那些护理品真有那么神？"她冷笑了声说："这个嘛，你懂的……"

西面这家在风格上平和很多，暗地里却也没闲着。他们的钱没花在装修上，却用在了一套客户信息管理系统上。这其实并不稀奇，许多美发店都有类似的系统。但人家却在这个系统上下足了功夫，研究出自己的一套经营理念。一次我有快递暂存在他们店里，来取时正逢晚餐时间，店里不太忙，我随意问道："你们店生意最近咋样？"

没想到她说："一直不错，到前天一年零两个月，和我们建立起联系的客户已经超过五百位了，大概五百二三吧。"怎么样，这就叫水平！对客户数字特别敏感。作为营销行业的人，我顿时来了兴致，追问道："你是怎么做到的？"

"哈哈哈，我就一直预感到会有人问我这个问题！"她一下子来了精神，继续说道："其实是我的理念和考核方式决定的。我们是刚刚起步的小发廊，这个阶段，我不太在意单笔多赚1万还是少赚1万，不太在意客户是选择剪发还是烫发，我在乎的是究竟有多少客户和我们店建立起了联系。价格不是问题，这点成本我还是付得起，关键先把量做上来，将来有的是挣钱的机会。因此我不计较每个理发师为店里带来了多少利润，那是我和我老公要统筹的问题。我目前对他们的考核，是看他们每个月向系统里输入了多少个有效客户的信息。"

从那以后，我几乎没再去过西面那家店。没想到又过了3个月，一阵刺耳的鞭炮声响过，我才知道西面那家店已经换了新的主人。谁让他们刚一上来，就通过对理发师激进的利润考核方法，在客户身上深度"拔毛"。导致这家店在开业没几个月后，便门可罗雀了。后来听说这家店为了利润，利用店面的剩余位置，直接卖起了衣服和鞋，结果仍不见起色。于是，员工在这样的考核下不玩了，纷纷跳槽。从第一个发型师离职到最终关门，仅用了不到2个月的时间。

我们不能说西面这家店不努力，相反正因为他们的"努力"，加速了店的倒闭。**很多时候，我们受到了许多关于"如何正确地做事"这样的训练，但忽略掉了"如何做正确的事"**。结果方向一错，死得比没方向的还要快。东边这家店看似不温不火，却十分准确地把握住了他们"底子薄、刚起步"这样的现状，全身心投入到了做实基础客户群这一伟大事业中。通过考核相应的指标,将造型师这一骨干力量完整地保留了下来,最终笑到了最后。

而对于规模较大、市场占有率较高的成熟型企业而言,指标项的设置策略就正好反过来了。这类企业品牌认知度与社会影响力较大,新客户的增长已经不再是困扰他们的头等大事。他们考虑更多的是如何利用商业模式的创新,提高利润率和增加利润的来源。因此,已经“做大”的基础客户群便是他们的首选,将这些存量客户“做强”对他们有着巨大的吸引力。基于这样的需求,在考核上突出利润这样的结果性指标,便水到渠成了。此时,新客户的增长只是利润提升的因素之一,而迫切性已大幅下降。围绕利润而言,从已积累下来的客户宝藏中找到让他们进一步掏钱的理由,不是更现实的考虑吗。

我此前服务的一家欧洲银行,便将这一策略贯彻得十分到位。他们为所有的产品计算出了利润比例,并将这些比例告知给每一位销售。在这些销售的 KPI 中,不再有繁琐的指标项,只保留了一项,就是“利润”。意思是说,公司不再介意你卖什么。

某些产品虽然好卖,但利润较低;某些产品虽然利润高,但因为风险也相对较高,比较难上手。这有点像目前政府正逐步推行的“利率市场化”尝试。有的银行如坐针毡,有的银行喜上心头,究竟好与不好,主要取决于你的定价能力与议价能力,但至少加速了资金的配置速度,对中小企业的融资环境利好。是骡子是马,由你自己决定。有本事就把高利润率产品卖出去,卖不出去,别再抱怨公司的产品定价太低或指标项给得不合理。

第二节 蛋糕怎么切?——巧下指标

第一讲费了不少笔墨。但我想,既然要讲清楚 KPI,有必要先让读者了解清楚指标项设置背后的逻辑,这可以帮助我们从更高的角度俯视整个营销体系,从而慢慢熟悉驱动销售背后的游戏规则,建立起正确的管理思路。

写到这里可能又有朋友会问，如果说公司指标项的选择依据是公司所处的发展阶段，那么每个人也有自己的成长阶段：有的销售已经是老江湖，有的销售才刚入行，都用一样的考核指标合理吗？很遗憾，我还没看到哪家企业不是用同一套指标项来考核同一类的销售人员。为了解决这个问题，并使指标这块蛋糕切得更加有效，我们先来介绍一个不错的方法。

主动型团队指标互配法

我们是为企业服务的，理应以企业的阶段性发展策略为第一要务，而不是每个人的发展阶段。想想有道理，所以为了简单起见，企业往往以指标值的高低来调节这一矛盾。做得再细一点的企业在销售的排名中，按入职时间先后划分出 2～3 个区间，分别进行排名。然而，这些都难以解决根本问题。

我的建议是：**我们的企业，特别是一些已成规模的企业，可以尝试进行一个差异化改变，将员工按经验分成两个组，采取两套考核指标项**。这样，无形中可以让那些经验较少的员工，走一遍企业流程。一来就和新人谈利润还太早，欲速而不达。相反，如果能去考察他们过程性的指标，更能帮助其从头打好客户基础，为下一步利润挖掘做好准备。事实上，这样的安排，也不太会影响企业的短期利益，只是少有人会去这样做。

统一指标项的另一个可能不利的影响是给企业带来一些不易察觉的潜伏灾难。当企业处于初创阶段，一心想增加基础客户群的时候，用了一套客户量的指标项。但很快你发现，销售队伍中几个经验相对丰富的员工，很快就把客户量给搞定了，较其他几位刚毕业的大学生轻松得多。这是件好事吗？不一定。往往因为有经验的员工更容易琢磨出老板的想法，找出了一条捷径——降低客户质量，批量圈入。这对企业的未来简直就是灾难。可麻烦的是，这种问题都有一定的潜伏期，在一开始时很难被发现。

讲到这里，我试着提出一个更高级别的指标项设置模型，用以解决上述的各种问题，这就是“主动型团队指标互配法”。该思路不仅能适应企业不同的发展阶段，也兼顾了员工经验的差异性。目的是利用指标项间的相关关系，通过 KPI 主动引导不同经验的员工间进行交叉配合，使每位销售都能感觉使得上劲，从而流水线般地、有体系地与客户建立起长期关系。这个方法的真正落实，是需要客户分层经营体系、交叉营销体系等多方面机制联动配合的。但至少，我们在这里可以先从 KPI 的层面，帮员工把沟渠挖好。到时，水流动的方向就不再是一个问题了。

所谓互配，就是要想办法在经验不同的团队间，建立起有联系的指标项。比如 A 团队作为较初级的团队，他们的指标项是“约见渠道数”；B 团队是经验较多的销售，他们的指标项是“＊＊渠道销量数”。这就是一种有效互配：A 队专心圈地抢种子，B 队专心施肥耕作，研究如何在已有的土地上实现最大的产值。经过两队的协作，一粒种子才得以开花结果。这个过程是否可以由某一个队独立完成呢？可以，但效率不是最高，也很难发挥出各自的优势。

其次，我们要考虑到另外一个问题。我们的果园中可能有苹果、鸭梨，也可能有樱桃、荔枝。那么 B 队的员工是否对每类水果的种植都擅长？恐怕很难。随着品种的丰富，B 队内部可能又需要第二次分工，也许会分化出 C 队和 D 队，那么是否应当按同样方法考核他们？要注意每种水果的成本不同，因此定位也不一样。假设来了风暴，不少果树被吹倒，同样面积里你是希望还剩下的樱桃树多一点？还是鸭梨树多一点？一定是前者。所以，你很可能安排更多资源，比如更有经验的员工，去看护樱桃树，以保证在危险到来时，损失不会太大。更重要的是在风调雨顺时，可以为你赚到更多的钱。

这些钱，你是要与大家分的，而养护哪种树赚钱多是显而易见的。假设 C 队负责鸭梨，D 队负责樱桃，这就造成同样的考核项和指标额下，C 队所有的员工都想跳槽到 D 队。但如果发生这种情况，C 队是否能胜任樱桃这种更难养护的品种呢？同时，鸭梨由于缺少维护，逐渐长虫，最终从这片土地上消失掉。樱桃的规模一共就这么大，因此很多人变得无所事事。所以在现实操作中，C队与D队的人员是相对稳定的。没有哪个老板会那么傻，为了樱桃而放弃整片果园，而这背后是通过“指标量”的机制来平衡的。

我们将在下节讨论“指标量”的问题。在这里，让我们继续将焦点放在整片果园上，研究如何通过指标项的引导，使每A、C、D三个队之间的资源流转更加有效。大家想想：在一个指标体系较为混乱的公司中，当老板对产量不满意时，C组和D组的员工会怎么办？他们几乎会不约而同地将矛头指向A，抱怨其圈的地太少或给的种子不够优良，使他们没法发挥。你说A会怎么办？他们绝不会坐以待毙，第一时间反唇相讥。发展到后来，可能更有意思的事情都跑了出来：A组的张三趁C组的人不注意，自己偷偷去种了棵苹果树；D组的李四趁A组的人不备，自己也开荒拿地去了。一段时间过后，他们纷纷向老板邀功，证明自己才是为企业挣钱最多的那个人。而多数老板看到利润，根本懒得去理会背后机制上的不当。华丽数字的背后，是信任的崩塌，几个团队间频繁摩擦下的剑拔弩张，令协作的破裂一触即发。

在缺少标准的环境下，比的是谁更会说。老板也是人，一定有情感偏向，而这种小细节，都逃不过一双双已经敏感起来的眼睛。一旦某位有影响力的中层一走，立刻引发连锁反应，漂亮的业绩转眼灰飞烟灭，这便是我们所强调的各团队的指标项合理互配的价值。

如果把A团队的指标项设为“新增可耕种面积”或“种子数”，我只考核你水果种植大链条中这个环节的业务量，而不再有意无意给你点“产量”什么的指标，并各种暗示可以“顺便做做”。那么，既能对下一步C、D团队的种植提供了唯一且清晰的“货源”，又能从制度上保证了团队间权责的清晰，从根源上消除了推诿内耗的隐患。

下面我们将讨论的重点，过渡到“指标权重”与“指标量”上，来研究每项指标应设定多大“权重”，并安排多少“量”。

不要再让“指标权重”打酱油

好多公司每到年底，便大张旗鼓地组织几个人甚至几个部门，对第二年的考核指标及权重，展开旷日持久的激烈论战。有时，就一个指标项应该设5%还是7.5%，开会研究一下午。最后一刻，老板终于拍脑袋决定了，就5%吧！你去问他为什么，他也不知道，可能就是因为它是一个整数，看起来舒服点。

虽然没用，但权重这事儿就是这么奇妙，似乎像年会一样成了每年必须讨论的保留曲目，好像不头脑风暴一下显得不够慎重。公司一大，业务部门就会增多，每个大部门向下又设几个小部门。每个部门似乎都摩拳擦掌，比划着要在这个每年一次的指标盛宴中，端上自己的那盘菜。至于好不好吃，需不需要吃都不重要，关键是要在所谓的“平衡计分卡”框架里，分上一杯羹。

忘掉这个“平衡计分卡”吧，它更适合用在全公司整体的战略体系。好多人到今天都搞错了，听到“平衡”这两个字就特别踏实，以为找到了KPI的魔法棒，急不可耐地照搬到销售部门。

很多时候，我们在面对一个错误时，直觉往往不是去正面解决它，而是用另一个错误去制约它，结果越搞越复杂。比如某些主管意识到了一些指标的占比只有5%或10%，已经成为“鸡肋”时，不是将其干脆去掉，而是自说自话地搞出一个完成率封顶的限制。这就像你兴师动众地邀请女孩去一家高档的日本料理店餐叙，人家满心欢喜，出门前还化了半天妆。结果大家刚碰头，你就微笑着说：“美女，今天我们以吃饭团和各种‘卷’为主，三文鱼、北极贝等刺身咱能不点就尽量不要点了吧。”刚说完这句话，想想觉得不好，于是你又补充了一句：“要点也行，三文鱼4切应该就够了，超过这个量咱们也消化不了。”看到这儿，我想你忍不住笑了，早知这么狼狈，何必要打肿脸去吃日本料理呢?

如果某些企业分析过自己所处的阶段,实在觉得下不了决心砍掉某些指标,一个方法是可以把其列为“加减分项”。在这样的安排里,“减分项”通常具有更大的威慑力,特别在内部竞争激烈的情况下,每拿KPI中的一分都颇费周折。人总是这样,还没到手的东西,没了也就算了。可是一旦进了口袋,再让他掏出来,他会和你拼命的。因此,谁都不会看着来之不易的分数被扣掉而无动于衷。而作为锦上添花的加分项,对于好学生而言,举手之劳;而对于主科都会挂的人来讲,也难以构成诱惑。此举的结果,将进一步拉开两者间的差距。

如何拿捏“指标量”

以上一讲中的果园为例,我们首先要根据市场情况和去年业绩,提出一个公司销售部门今年的总体指标计划。其实这指标很可能是领导拍脑袋想出来的,比如较去年增加20%,算出来假设正好是100万元利润,我们用T表示。针对人手情况,清点后发现负责苹果树的C组有10个人,负责樱桃树的D组有5个人,因此总销售人数为15人,我们用P表示。那么第一个问题是,我们是否可以按T/P进行算术平均后得出的6.67万元给每个人来下指标呢?显然不行!看了前一课的朋友知道,D组员工的收入比C组高。所以C组的员工一定会跳起来说不公平,凭啥干的活一点没少,但底薪拿得却比别人低?因此,**你必须设置差异化的指标值**。其实这容易理解,你经验多,我给你的底薪就高一些,相应的指标也自然多一点;反之,如果你的底薪较低,则指标值也会少一点。可问题是,这两个团队间应该差多少才合理呢?

可以参考他们的工资:比如C组的平均月工资是5 000元,D组的平均月工资6 500元,C组较D组平均低了30%。怎么办?一种方法是将D组的人均指标较C组调高30%,则C组指标应设为6.05万/人,D组为7.87

万/人。

假设情况发生了变化:D组中的2个人离职了,而我们暂时在市场上找不到经验足够胜任D组工作的人。名额空着觉得可惜,于是就招了两个C组的员工进来。此时,总人数保持不变,C组和D组的人数比例由2:1变成了4:1。这时的问题是:假设大家都正好完成自己的指标,公司是否能完成盈利100万的计划?肯定完不成嘛!2个6.05万比2个7.87万少。怎么办?指标值再平衡!重新计算后发现,在C组12人、D组3人的新状态下,这两组的指标值分别变成了6.29万/人和8.17万/人,即要求C组和D组同时要增加产能才能整体达标。而如果是C组的2名员工离职,且新招入了2个D,则指标再平衡后,C、D两组的任务分别减少到5.85万/人和7.6万/人。

作为老板,由于资源有限,必须在两个问题上达成平衡:①总体指标的达成;②节约人工成本。显然,搞定后者是有很大挑战的。通过以上这个简单例子不难发现,节约成本的极端情况,是将D团队的人数压缩到1人(暂不取消这个团队,否则打破了业务布局)。而这是不现实的,因为没有足够的人去照顾樱桃树。并且根据上一段的分析可以看到:随着D组人数的减少,C、D两组的指标都将同步提高,这势必增加了指标达成的不确定性。相反,大量增加D组人员编制,可以同步降低两个团队每个人的指标,但这又会造成人力成本的快速增加。

在实际工作中,影响因素更为复杂。比如,我们还要考虑受季节影响,水果批发商或零售商进货需求的变化,以及由此产生的利润率变化等。所以,这是一个多元函数。在总体资源不变的前提下,人员的规模与团队的指标,都要根据企业的需要和市场的反馈进行适当的改进,从而达到帕累托最优。但也要注意改进频率的合理性。

有了指标项与指标值,我们就可以利用它对员工进行量化评估了。一种常见做法是将指标项的权重直接等同于分数,再把这些分数加总,作为整体成绩。比如，A 项指标为果树种植量，权重为 40%，指标值为 100 棵/季度；B 项指标为利润量，权重 60%，指标值为 1 万元/季度；假设你第一季度种了 80 棵果树，获利 1.5 万元，则该季度得分为 80%×40 分+150%×60 分=122 分。如果按季度频率考核，则可以将连续 2 个季度的平均分数作为半年的考核得分。超过 100 分代表业绩优秀，低于 60 分表示不合格。

另一种方法是将所有指标项定出一个单位值，每个单位值对应一个分数（即单位业务量分数），员工的考核按分数高低来裁定。这与上一种方法有些不同，弱化了平衡思想下的权重概念。虽然，相同业务量在不同指标项里对应的分数不一样，这本身就有点权重的味道。

在多指标百分制的考核下，员工在某些低权重项的指标上费了半天劲，可能只得到一二分。那你会问：他干嘛那么笨得去做这些小指标项呢？但就算做指标大项，给你整一个封顶值，顶多就得个二三十分，效果好像还是不太明显。营销人员需要的是不断的分数刺激、晋升刺激和提成奖励刺激。而这种将各项业务折现为分数的方法，正好迎合了这一需求：不仅打破了无法超越的 100 分限制，更激发了员工的潜力，释放了他们对每一项指标、每一个单位业务量的想象力。

比如，一位员工集中火力，猛做了几项业务后，发现很快拿到 300 多分了，相当有成就感。但无意间一转头，发现隔壁那家伙已经 1 000 多分时，又会不由得产生一种自己“弱爆了”的紧迫感。在这样的安排下，无论优势还是劣势，都会因为分数而被放大，显得格外刺眼。这就像一些信用卡积分，你发现周末随便买了点生活用品，一下子就积了 5 000 分，感觉挺爽于是就接着刷。虽然后来到兑换礼品的网站一查才发现，一支小小的牙刷也要 8 000 分，但这并不妨碍快速增加的分数在第一时间带给人的快感。而这种积分法的背后，其实是淡化了每种商品的差异性，将所产生的利润通过一定比例的测算，统一用分数进行了表示。这样一来，既可直接比高低，又可基于该分数，倒算出这项业务乃至销售员近似的利润贡献。

第三节　不要再让考核规则"隔靴搔痒"

销售队伍中永远存在业绩不好，且打心底也并不热爱销售的人。可能因为你当时急着要人，也可能因为某些人将网上的"面经"研究透了，在一开始演得很真给了你错觉。总之，他们就这样进来了。我们可以宽容不足，却很难接受心理上的落差，怎么办呢？这就需要有一个制度来帮助我们预判和弥补主观上的偏差。

我们一直觉得级别只会一直朝上走，即使没爬上去，大不了也是原地踏步，从没想过真的会往下降。很多企业的管理办法中，都冠冕堂皇地写着一个所谓的"能上能下"制度。然而在实践一段时间后，不了了之，一到关键时候不是心慈手软，就是用力过猛，没两下就把员工赶走了。你不能说他们不重视，但的确少了点执行的方法与技巧。

"可上"才能"可下"——建立分级考核制度

首先，我们需要做的是将销售的业绩和其升降级直接挂钩，既可排除主管在为员工考评时，因主观偏好等人为因素而导致的不公，又使那些混日子的"小蛀虫"无处可藏。**制度的确立不是让员工失去安全感，相反，是让想干活的人更有成就感**。而要保证其能成为一种常态化的制度，有哪些准备工作要做呢？

比如，当你想提升一位同事时，发现销售团队一共只分了 4 级，而他目前已经 3 级了，再升就触顶了，怎么办？总不能"超升"吧。一些领导大而化之地回答道："这有啥难，找机会升他做管理呗！"这当然是一个充满诱惑的职业规划，但如果运气差点，公司暂时没空缺呢？这时，他们可能会说："那就先给员工画个饼，让他等等呗！"结果这一等就是 2 年甚至更久。在这漫长的等待过程中，这位 Top Sales 的心态其实早已发生了微妙的变化：他又不知道最终会等 2 年，于是提前进入了角色。

事实上，从谈话后的第一天起，他就已经把自己当成了“准主管”，并在接下来的 600 多天中时刻准备着被“扶正”。随着日子一天天过去，领导发现还是没空缺，于是念在他过往业绩卓著精明能干，硬是为其量身定做出一个“副主管”的职位。这有点像预备党员，大小会你都得开，精神都要传达，可是在协助好上级管理工作的同时，还需扛上一个不低的个人指标。协助？想想是不是有点可笑！凭啥协助？凭个人魅力吗？名不正言不顺的，你把员工看得太简单了。

另外，如何评判他“协助”的效果呢？在报表中，我们是应该把他放在管理序列中还是继续放在销售序列中呢？放在管理序列不可能，人事部首先反对，不然干嘛说没空缺？放在销售序列中更加荒唐，由于心态的变化，你不用再指望他和原来一样可以专心地钻井挖油，你可能常常会面对这样的局面：你问他为啥个人业绩下降，他说因为管理占用了他的时间；你问他为啥团队好像管得也一般，他说这是主管的问题，他主要在忙个人业绩。听上去好像他在捣糨糊，但你仔细想想，这是他的错吗？换你，你也会这样，甚至可能还没到 2 年就已经拍拍屁股走人了。我充分理解你让他兼职做管理的出发点，但你想过没有，为什么会出现这样进退两难的局面呢？

问题的根源，出在了升降级制度的准备工作上。简单来讲，你没有准备好一个空间给他玩。如果要将绩效考评和升降级制度严格挂钩，我们首先要做的是拉开级数，使员工有更多的台阶可走。这既可以避免上例中那位 Top Sales 孟姜女般的苦苦等待，又能通过阶段性的成就感，不断唤醒员工向上攀爬的决心。这就像我们打网游，几乎所有的开发者，总喜欢将一个大关拆解成若干小关，让玩家一关一关地过。同时会储存进度，当玩家第二天回到游戏中时，已通过的关无需再走一遍。假如一款游戏搞得玩家屡战屡败，连一个小关都总过不去，恐怕界面再漂亮，很多玩家最终还是会泄气（当然不排除少数神经特别强大的人）。

大企业早就知道人的这个心理，他们的内部职级设计得十分丰富。比如先定出 A、B、C、D、E 五个大级，每个大级又分出 1、2、3 这三个小级（或者叫"档"）。这样一来，一个刚毕业的大学生以 A1 为起点，做到 E3 需要跨 15 个坎。乍一看，难度似乎增加了，但其实每个小级之间爬起来的难度降低了，晋升频率提高了。这种基本工资可以频繁增加的快感，足以令 Top Sales 的幸福感"爆棚"。

相反对于一个跳槽过来的 C2 级员工，业绩一直平淡无奇。按原来方法，要么不动，要动可能就直接走人了，很多公司找不到折中的方法。有些领导菩萨心肠，时不时来点恻隐之心，觉得大家同事一场，都不容易，大不了花点钱养着他算了。结果虽然表面风平浪静，但彼此心里都好像别别扭扭的。领导心软并没有错，难道立刻把这个人赶走就对了吗？你如果重新再招个人，需要花时间培训和适应公司不说，就业绩而言也还是个未知数啊。

问题有些捉弄人，好像不论怎么选择都有些怪，为什么会搞成这样呢？关键在于整个决策过程，过度依赖领导个人，而非制度。没有一个标准告诉领导应该怎么选，这是陷他于不义。他能怎么办？凭心情拍脑袋。解决这种骑虎难下的状况，一个可行的做法是让这名员工职级一点点降。这样，既可以达到惩罚的目的，使他在众目睽睽之下来个事业小倒退，又能使其跌得相对平缓，不至于伤筋动骨到令他立刻失去工作。万一哪天他决定放弃退出，你心里也能更好受些，毕竟你并没把他的路完全堵上，他本可以选择坚持下去的。

可升才能保证可降。员工既然愿意争取快速晋升的机会，相应也要承担可能下降的风险，这并非是一场不可控制的赌博。如果我们打算做这样的尝试，在形成制度前，需要对历史数据做一点测算，才能为每位销售员确定一个比较合理的升降级分数线。

比如，将最 Top 那位销售员的业绩折成分数，将其作为 E3 级的指标参考。再根据总指标量和级数的设置（比如 15 级），选个差值，以一组等差数列向下排列，直到排出 A1 级为准。然后按员工按收入对号入座，为每个人进行套级。比如一个月薪 1 万元的销售员，哪怕平常业绩只能做到 B2 级，也要给他 C3 级的指标；而一个可轻松做到 C3 级指标，但月薪 6 000 元的销售员，我们可先将其放在 B2 级。当然，最后还要对某些员工的指标进行微调，同时按你的套级结果加总所有人员的指标，比较是否可以完成销售部的总体任务。如有偏差，要继续调整，直到与指标总量一致。

那位月薪 1 万的一看慌了，抱怨说过去大锅饭时代，自己和那个月薪 6 000 的同事指标差不多，而且完不成最多被批评两句就过去了。现在可好，凭啥指标比他高那么多，而且如果完不成万一被降呢？多丢人啊。首先要说，不是“万一”被降，而是“一定”会被降。其次，你想想，自己不仅工资超过人家近 40%，且级别高出 4 级。新的考核制度下，你的定位已经远在别人之上了，那么检验下你称职与否是不是也合情合理呢？并且如果大家都做到了 D1 级的指标，你就直接可以升为 D1 了，而人家只能升到 B3 级，还是比你慢，现在感觉好点了吗？

要提醒的是，如果事实证明你基本完不成 C3 的指标，而业绩屡屡在 C2、C1 甚至 B 级的水平徘徊，那么对不起，你将被降级，且基本工资会有所下调。但无伤大雅，绝不会一夜回到解放前，只是低一小级。当你业绩提升后，依然可以回到原来以及更高的级别上来。而假如连续 2 次被降级的员工，公司需考虑其是否还能胜任这个岗位，一些主管的做法是对其进行劝退或转岗处理。

这是一个勇敢者的游戏。改革者很可能在刚开始推行时，遇到巨大的阻力，甚至三天两头收到辞职信。然而，**请不要忘记我们做 KPI 的目的，正是要借助这一规则，来表达我们对改变的决心和对企业战略的坚守**。对于一些老员工而言，或许有些突然，他们在公司起到的作用可能不止业绩那么简单。因此，我们可以利用升降级时基本工资的变化幅度，对其进行调解，作为这部分人的一点弹性空间。10%以上太高，5%行不行？

我们一切的妥协，都是为考核以制度的形式保留下来为最终目的服务的，这是我们的底线。有人离职并不可怕，这对那些留下来努力拼搏并从中尝到甜头的人来说，何尝不是另一种激励。并且，这使我们看清了谁是我们发展路上真正可以依靠的员工。在这种晋升可以自己说了算的氛围中，销售员没了后顾之忧，可以一心一意地为了升官发财而卖力。而他们发力后所提升出的那部分业绩，其实足以覆盖那些混大锅饭的“蛀虫们”所产生的有限业绩。

多久交一次“答卷”——考核频率

员工担心的其实不是考核的“难”，而是标准的模糊。如果到了时间我们不能兑现开始的承诺，或者这个承诺的期限时不时就要被迫调整，你让员工到哪儿去找安全感？

有的企业一拍手说：“同志们，今年起我们要开始正式考核了，一年后回顾你们的表现。”300 多天才做一次评价！这对某些部门来讲问题可能还不大，但对于销售部门而言，却是一场高赔率的赌博。对于那些处心积虑想来混的人而言，账是这样算的：甭管那么多，先拿到工作机会再说。2 个月以后发现不行时，索性破罐子破摔，大不了平时被多骂几句，一年之内又不影响我的基本工资。到了第 9、10 个月的时候，他们又开始琢磨另外一个问题：反正再过 2、3 个月才考评，还有点时间，不如去外面看看机会。同时，他们还盘算着如果被降级，损失多少钱的问题。一阵权衡计算后，他们可能因为市场原因，最终放弃了跳槽的想法。为啥呢？性价比不够高。按他当前基本工资 6 000 元算，降 5%，也就 300 元（这些人往往家庭经济状况不错，并不缺钱）。你想想看，他用一年“休闲”时光外加 7.2 万的银子（还不算“公积金”等其他福利），换来下一年近 7 万元的旱涝保收，对于一个想混的人来讲，是多么划算的一笔买卖。搞不好他把简历再粉饰一下，在第二年的年中，就可以跳到另一家规模小点，但却肯付更高工资的倒霉公司。

你算算看，假如他于次年 6 月离职，累计混了 18 个月。期间，你累计付给了他近 11 万的工资，他象征性地做了几笔小生意，就算为公司贡献了 3 万元利润(可能还没这么多)，你亏了 8 万元(这还不算提成与社保等支出)。在这么长时间里，你对他可以说是无可奈何的。根据最新的《劳动法》，如果你没有明确的、按固定频率的内部分级考核制度，是不能“休了他”的。更痛苦的是，**当你发现外面有更好人选的时候，而现有的绩效不佳的人员又不能随便辞退时，岗位编制没了，心里再痒，也只能望洋兴叹**。

一些主管想想算了，反正总有一些 Top Sales 两倍甚至更高效地完成自己的指标，总体达标就行了。你让我非要降某些人的级，我还真有点下不了手。但你必须清楚的是 Top Sales 所创造的超额业绩，对于整个团队来讲是锦上添花的意外惊喜。虽然有二八原则，虽然从结果来看，一般 10 个人的团队里，业绩拔尖的就那么两三个，但你绝不能让其他人感觉，你只把希望寄托在那几个人身上。更重要的是，排名靠后的那 5 个人必须清楚，自己没理由每一次都完不成指标，心安理得等着那最 Top 的 2 个人来帮你补窟窿，人家没这样的义务。

这种格局，是一种多发的、危险的，但却总得不到及时纠正的病态。根据“破窗理论”，在无意间被纵容的扭曲氛围下，不仅这 5 个人下一次理所应当地认为完不成指标并不是什么大事，就连剩下的那 3 个本来位于中上的员工，都可能顺势加入到那 5 个人的行列，这从客观上又逼着 Top Sales 做得更多。

主管叫不动那些垫底的人，自然跑到那 2 个最强的员工身边念叨：“能者多劳吧，因为你是标杆，所以要多承担一些，这也是公司对你的认可。”我敢说，你没讲实话吧！但我理解你，都是被那些混的人逼迫的。无奈攻守之势异也，Top Sales 在你面前说话的声音会越来越响，甚至爬到了你的头上。因此他们心知肚明，你现在已经离不开他们了。与此同时，由于你对他们的倚重以及资源的偏向，会使这两个人业绩更好，从而翅膀更硬。这就形成了一个诡异的循环:Top2 那两个人凭借业绩,变得越来越强势,简直成了"业绩军阀";另 8 人由于你的偏向(这种偏向有时是不知不觉的)与忽视,逐渐朝那 2 人中的一人靠拢,而你的威信与影响力,在他们中间与日减弱。

最乌龙的事,可能就发生在一个风平浪静的午后。你在办公室品着咖啡,正打算找 Top2 这两个心腹来商量下一步的业务发展对策,并顺便示好,分点客户资源给他们。这时,其中一人推门而入,在你对面坐定后,微笑地说:"老板,感谢你一直以来的培养。"

你一听不妙,立马问道:"你这唱的是哪一出?"

"没有啦,家里最近有事,想先休息一段时间。"他依然微笑地说。你看,到这时他都这么淡定,甚至不愿跟你讲出真相。任凭你如何挽留,他都表现得很坚决。你无助地看着他起身关门的背影,百感交集。而几天后,更令你无奈的事出现了:就在你中午穿过马路去吃"过桥米线",经过竞争对手的办公大楼时,发现他竟然出现在落地玻璃里,仍微笑地向你招手。

你暗自神伤地回到座位上,掐指一算惊讶地发现:团队一共就 800 个核心客户,这哥们一走,300 多个就没了,超过了总客户数的 30%!早知今日,何必当初一直把所有希望都寄托在那 2 个骨干身上呢?风险太大了。如果那 8 个人每人能较上月能提升一点,哪怕 10%,那将又是怎样一个局面!

一位外企的朋友曾经和我辩论过,在一个的团队中,究竟该如何看待和处理成员能力的差异。他做了一个比喻:团队中的每个人,就好像人体的各个器官和组织,分工是有区别的。大脑生来就是用于思考和指挥身体其他部分的,不需要干体力活;神经和血管天生就是起传输作用的,主要特长是协调和沟通,要精于人事;而手和脚就是为了执行,埋头干活就行了,不需要有太多想法。所以公司中必须有一些头脑简单、四肢发达的人,这样的生态环境才是符合自然规律的。有一定道理,但这个比喻,可能更适用描述一个臃肿的大机构,而非"销售部门"。在一个靠"数字"吃饭的地方,对于那些拖低平均值的人,我们需要保持足够的警惕,以免种下悲催的种子。

那么是不是考核频率越高、周期越短就越好呢？不如我们改成一个月一次吧。那会出现什么景象？一位怀揣梦想的应届生，一开始没啥资源，不巧运气又差点，结果位子还没坐热，就要卷铺盖走人了。反而有点资源，准备来混的人，却能躲过一劫，堂而皇之地留了下来。这下，HR 有得忙了。为了补这个窟窿，又是花钱请猎头，又是花时间面试，还要腾出一只手提心吊胆地算人员流动率突破多少了？并且，这还没算每个月大量人事变动所带来的行政工作，这都是企业的成本。**我们要的不是人心惶惶，而是在成本可控的情况下，制造适度紧张的竞争氛围。**

被广泛使用的销售人员考核频率通常是半年，也有季度的。当然，这主要针对 B to C（销往终端零售客户）模式的企业。而对于 B to B（销往企业客户）型企业，情况有些不同，我们不在本书进行讨论。按半年考核，以连续 2 个季度的平均成绩作为一位员工的升降级依据，是力度比较适中的一种安排。如果你觉得频率还不够给力，可以改用连续 2 个季度循环考核的形式处理。这样，一名员工从第一年的 2 次升降级频率增加成一年 3 次，即 1、2 季度，2、3 季度，3、4 季度各一次。从次年开始，频率会自动跳到一年 4 次，道理很简单，多了上一年的第 4 季度，大家可以拿张纸画一画就知道了。

方法的运用之妙，在于根据市场状况，合理地组合变化。比如一个企业，在市场环境比较差的情况下，为了保存实力过冬，可适当降低考核频率，减少内部损耗。而当经济周期恢复到稳定上扬的年景，供需关系发生变化，人才市场活跃，企业可因时而变，缩短考核周期，挤压出更高的市场利润。

第四节　绩效激励，想说爱你不容易

企业打下一个“山头”赚了钱，愿意拿出一部分犒劳为此辛苦付出的员工，这便有了业绩提成。作为激励前线工作热情最重要的手段之一，所有的企业都对要分钱这件事没有异议。而主要的问题集中在拿出多少来分？怎么分？不同企业的分法，可谓千差万别。

葛朗台的短板

前几年，上海刮起了一股赴海外生子的热潮。为了移民，不少人在还没出生的下一代身上打起了算盘。哪里有需求，哪里就有生意，许多有点海外关系的人预感到发财的机会来了，再也按捺不住，纵身投入到了这项“伟大事业”中。巧的是我的一个哥们也不甘寂寞，毅然从外资银行辞职，然后摇身一变，成为一家“赴美生子”类咨询公司的市场总监。

他第一次和我聊这份工作时踌躇满志，滔滔不绝地向我讲述了这个行业的商机以及他的宏伟蓝图。我边听边想，这种商业模式能支撑多久。结果大约过了 3 个月，当我们又见面时，他似乎心事重重。在我的追问下，他向我道出了开拓市场的不易。我笑着说：“你是做销售出身的，既然认准了方向，这点困难哪能难得倒你？”

“这不是辛不辛苦的问题，关键是干得有点没劲。”他悻悻地说。

“老板批评你了？”我追问到。

“批评倒不算啥了，关键是那家伙脑子有点转不过来！”他一下子打开了话匣子，道出了其中的原委：“我们的模式是和美国的一家月子中心合作，帮他们介绍大陆的客户，成功后提取佣金。怀揣‘美国梦’的孕妇通过我们介绍，一次性缴纳 5 万美金，包含了 3 个月的住宿费、检查费、保姆费、餐饮费、交通费。你别看项目繁多，仔细一算花不了多少钱：住宿费一个月算 1 000 美金，3 个月也就 3 000 美金。检查费算 5 000 美金。剩下吃饭、交通什么的七七八八加在一起再算 7 000 美金好了。总共也就 1.5 万美金左右，而且机票还另算，剩下的 3.5 万美金公司净赚。”

“那不是好事吗？你们暴利啊，人家生个小孩你赚 20 多万人民币，看来这顿饭得你请了。”我笑着说。

“你这纯属落井下石！这 20 多万是公司赚的，我只拿 1%的提成。也就是辛辛苦苦做半天，才提2000多人民币。就这样，出资人每天还给我洗脑，煞有其事地说一直把我当成合伙人看待。好一个合伙人！我拿1%，他拿99%，可真够仗义的，有这么当合伙人的吗！更为可笑的是，昨天晚上拉着我开会到9点，商量我下面的销售员提成比例究竟应该定5‰还是6‰。不说把精力放在如何打开市场上，整天就想着咋分钱这点事。你说分就分吧，还好意思公然说千分之几，打发要饭的？谁有动力跟着他干？”他越说越激动。

果然不出所料，没过多久，我就听说朋友已经离开了那家公司。

如果你想浇灭员工的销售热情，最简单的一个方法就是护好你的钱袋子，大幅降低提成比例，效果可以说立竿见影。还记得本章开头，我们将KPI比喻成企业的“货币”，并抛出了一个问题：公司应以什么“汇率”兑换员工的个人利益。现在，到了解密的时刻。

提成比例的高低代表着企业的价值观。比如A企业的提成标准为20%，表示企业“货币”与销售员的劳动成果之间的“汇率”为5∶1。什么意思呢？就是指销售员要用5份劳动成果，才能兑换回1份企业“货币”。B企业的提成标准为5%，代表企业打算用20倍的“杠杆”去博取销售员的生产力。汇率由企业自主决定，杠杆越高，企业越节约成本，但由于销售员取得劳动成果的难度增加了，你也却越难请到优秀的人。同时，我们必须要考虑市场同业的平均水平，因为信息不对等的时代正在过去。我们常常会看到企业的招聘广告中，会特别标明“我们提供有竞争力的薪酬体系”，就是这个道理。和谁比有“竞争力”？同业啊。这是一个企业与员工长期博弈的过程，销售永远希望提成比例越高越好，企业则想方设法地提高“杠杆”，增加盈利。

提成比例的设计标准其实只有一个，就是看企业是否能在利润最大化和员工热情的持久度上达到整体最优。我们设计规则的意义，就是通过对“汇率”的干预和调整，不断在这两点上促成新的平衡。

是时候让一部分人先富起来了

绩效奖励的多少，除了由业绩的高低，配以一定提成比例线性决定外，更有效的做法是引入系数，用以二次调节提成比例。

怎么操作呢？首先，我们可以先基于历史数据做一个测算。对于KPI而言，60%的人能够达到的那条分数线是多少。就像划出高考的本科线一样，比如一个季度达到10万元销售额。那么如果我们将10万作为一个基准数，其对应的系数设为1.0，则6成的人可以无折扣地拿到提成。接下来，对于不到10万的那4成员工，我们可将系数调为0.7，视为惩罚。这一设计，就为企业节省出4成员工提成总额的30%这样一笔费用。甚至更狠点，你设为0.6，又可再挪出10%。同时，我们可按照排名前20%的员工所能达到的业绩线，假设是13万元，作为1.2倍提成系数的起点，给Top Sales额外的激励。以上假设适用于大家指标一样的情况，而对于一个团队中几乎每个人指标都不相同时，可从指标完成率的角度，对提成系数进行分层设置。

引入系数的一个结果，是可以显著拉开收入差距。比如按以上规则，假设提成比例为5%时，如果A员工达成14万元的季度销售额，经1.2倍系数放大后，当季可拿到8 400元提成。如果B员工达成9万元的季度销售额，被0.7倍系数打折后，当季只能拿到3 150元提成。两位同事间的提成差额达到5 250元，而这一数字在无系数调节的情况下仅为2 500元（14万×5%−9万×5%）。

我们再从公司成本角度来看：没引入系数时，2名员工的提成总额为1.15万元；采用系数后，提成总额变成了1.155万元，即多了50元的费用开支。但不必惊慌，我们此时尚未考虑人数的问题。由于我们在划定需加系数的人员比例时，打折部分是针对4成员工的，且折扣幅度较前2成的放大幅度更高。因此对于团队而言，这样的设计可以在降低公司整体费用的前提下，拉开提奖差距，增强了落后者心理上的压力。

另一种方法是在其他非核心指标中，选出你个人最为看重的一项，可以是阶段性的指标，作为另一项提成系数。比如一家初创企业，正忙着从客户身上盘剥利润，提奖依据是销售员的创利能力。这时，如果把有效客户数作为一项附加的提成系数，可以有效防止某些资源型员工，因只习惯做大户而忽视对基础客户的积累。万一哪天他不高兴走了，这些大户会随之被带走，他给企业留下的东西，其实乏善可陈。

大家可能会想，如果用非核心指标中的有效客户数，去对应核心指标的提奖系数，是否有失公平？比如某位员工，按核心指标的达成率算出来应该拿 5 000 元提成。可他的有效客户数指标完成率达到 250%，乘以这个 2.5 的系数后，他一下子可以拿到 12 500 元之多。对于企业而言，因为阶段性需要，这多出来的 7 500 元相当于白送给他的。再极端一点，假如这哥们的系数达到 5.0，是不是要送他 2 万元呢？当然要送！你相当于花了这笔钱做了一次广告，让其他人了解你对阶段性目标的决心。

当然还有相对温和的做法。比如可以反向定出阶段性指标下线，假定有效客户数至少增长 10 户，低于这一标准的，当季业绩提成一律打 7 折，更狠点的话一律打 5 折。这样一来，通过这种逆向的惩罚，相当于帮你节约下一笔钱去补贴那些系数高的员工。当然，更省钱的做法是，干脆只画一条线：只要有效户的指标完成率超过 150%，系数一概为 1.2(增加多少随你定)。

当然，还可以沿用这样的思路，根据需要引入更多的系数变量，为你的资源运用争取一个更大的操作空间。**但需留意的是，每增加一个系数，提奖杠杆就被放大一次，操作中计算量会随之增加，解释起来就更为繁琐**。因此通常情况下，系数不要超过 3 个，达到拉开收入的作用即可。

一个好的提奖机制，是要分步骤地使一部分人先富起来。你可以定期做一些简单的计算，以了解团队提成的分布情况。如果发现 Top 20%员工的提成占到了总提成的约 80%，说明你的团队趋于一种“烈火烹油”般激烈竞争的生存状态。而如果 Top 20%的员工拿到低于总量 50%的提成，说明你团队的氛围还基本处在“大锅饭”式的温水环境。管理者需要做的，就是通过设置不同的系数，盘活资源，变被动为主动地干预和优化提奖机制。这要求我们转化思路，不仅要学会根据一个比例简单地“分钱”，还能把这部分钱玩出花样，这才是衡量提奖制度好坏的关键。

在本章中，我们聊到了指标项、任务量、考核方法、提奖机制等诸多上层建筑式的话题。一些朋友有些疑惑：这不是人力资源部的事吗？诚然，部分操作需要他们的协助与配合，但如果把这些工作都留给人力资源部，恰恰正是一些企业业务做不好的原因。这不是 HR 的问题，因为他们中的大多人没做过销售，没有让适合的人做适合的事，对企业而言是不负责任的。因此，销售管理部门必须意识到游戏规则的重要性，并主动成为这项工作的发起者和管理者，令强大的 KPI 体系散发出应有的味道。

第二章　给个跟着你干的理由
——绘制人才发展“路径图”

去年年初我第一次做了“月老”。没想到去年五一，在我撮合下成功牵手的两位，就快乐地走上了红地毯。在上海参加完他们的婚礼后，我与同去的一位朋友结伴回杭州。由于大家都喜欢商业，一路上，我滔滔不绝地讲了不少围绕商业模式的案例，并认定这是一家企业成功的第一要件。而他给出的反馈，却让我产生了新的思考。国外名校的精算专业出身，5 年的“四大”生涯，现已投身房地产行业的他在肯定了商业模式重要性的同时，将“团队”的重要性排在了第一位。其逻辑是：**组织缺少好的模式，可以通过集体智慧来摸索；但如果没有好的团队支持，一切想法将寸步难行**。

这让我想到了中国互联网的传奇人物——马云。这位高考两次落榜的草根，从 1999 年第三次创业开始，短短 10 年时间，就成为身价超过 200 亿，并登上《福布斯》杂志封面人物的大陆企业家。在大家津津乐道他的各种荣誉或是八卦的今天，我们是否想过他成功背后的必然要素？一定有人不懈地说：“谁说是必然的了？关键是他机会好，碰上了互联网蓬勃发展的黄金

10 年，这就是命！”

人究竟有没有“命”我不知道，但就凭他的团队的 20 多人在 1999 年到 2002 年阿里巴巴刚创办的这头 3 年间，在工资都快发不出的情况下，还不离不弃地跟着他这一点，恐怕 99%的老板都不敢说自己更厉害吧。而恰恰正是这些人，成为他日后南征北战，打下阿里帝国的核心骨干。

再想想那些名垂青史的领袖，哪个不是身边跟着一帮无怨无悔的兄弟一起打江山的？单打独斗永远搞不大，哪怕昙花一现地冒了个泡，也将很快消失在风雨中。纵有“力拔山兮气盖世”的楚霸王，却还是败在一个匪气十足却更懂得运用团队的“矮穷矬”刘邦手里。

对于在企业中担任管理者的我们而言，首先要有育人的胸怀和规划。暂时没找到方法不要紧，重要的是究竟有没有下决心打造一支队伍。这不是在会上挥舞两下拳头，喊几嗓子口号那么简单，而是需要分析每个人跟着你干的原因，并进行差异化的刺激。同时，利用员工需求中的共性，形成一套可跟进的、能验证的员工发展体系。

就这个体系，我不打算展开讲，大家有空可以去听听“贝尔宾团队领导力”的课程，从 9 种团队角色细分入手，分析得相当全面。而本章的意义，是扣准实战这个主题，讲一些实用的、好用的方法。

第一节　打着灯笼找“好苗”

常听到有主管感慨：“有心做好，无力回天，我这哪里是团队，顶多算个团伙，没一个给力的。”我想问，你开始干嘛去了？人是你招的吧？招的时候怎么不把眼睛擦亮点呢？你或许会说：我擦不亮，你以为去找有个既有能力又肯做事的人很容易吗？而且现在的人个个精通“面经”，说的比唱的都好听，没几句实话。做 Reference Check（诚信调查）又是有成本的，且不一定有参考意义，所以一直很无奈。

那么想先问问，你们是如何去找销售的呢？我想大多数情况下，大家是通过猎头去找的吧。结果如何呢？客观来讲有好有不好。猎头这只是你的渠道之一，不能以此为主。然而一些人把这变成了“外快”的来源，与猎头分中介费，那质量还能保证吗？

猎头在西方国家是一项技术含量很高且十分成熟的行当。许多高管退休后不甘寂寞，凭借对一个行业多年的经验、理解与人脉，才敢担负起为企业“换脑”的工作。有时为了一位候选人，他们愿意跟踪好多年，对其事业轨迹、爱好甚至家庭都掌握得一清二楚。基于这样的了解，往往出手就能一击命中，为企业带来真正的实惠。

而目前国内猎头业尚处于“教育市场”的进入期，不是所有企业都认同花钱请猎头招人的模式，对于专靠“挖人”吃饭的“外脑”来讲，生存环境堪忧。而这个行业中的大多数人又是“专业猎头”，即一毕业就跑到猎头公司的人。他们熟悉招聘的流程，却缺少客户端所处行业的工作经验，如果说有一点儿，也是从候选人那里听来的。为了活下去，想尽办法促成交易成为他们的第一要务。而限于手上并没有足够多的候选人，在硕果仅存的几个人中，交情好的自然就更少了。由于这些候选人往往可以从熟悉的其他猎头处获得同一招聘消息，因此猎头间比的是谁能更快地促成合同。于是，你听到最多的，便是这些候选人如何优秀，多么适合你的公司。这就像多个房产中介持有同一处房产的出让信息，比的就是谁有本事帮客户先成交。

人能不能用？你自有判断。这还没算你要付出的中介费，一般是岗位年薪的20%左右。当然，这个渠道是会带来些优秀的员工，只是我们为什么不拓宽下人才的来源，**主动伸出触角，去建立一个潜在的人才库**。不要等到急需用人的那一天，才火急火燎去找 HR 或猎头，并没完没了地催促，嫌人家到岗太慢。

留意生活中接触过的人

2013 年 7 月的最后一天，我应邀去给华硕电脑运作的一个全国范围的在校大学生社团演讲。当我听说这个组织已经做了十年时,有些意外,心想一个IT企业为什么搞起学生活动了?并且好像还停不下来了。后来听他们的负责人介绍,这些活动定期在多个城市同时举行,每年华硕在这个项目上的投入就超过500万元时,我彻底惊呆了。即便是钱多,也不用这么花。看到我瞠目结舌的样子,负责人提醒我,没有一家企业是不讲究资本回报的。其实他们手上有一盘账,可以清楚地看到投入产出比。他告诉我,经过数据的比较,华硕惊讶地发现,这项看似烧钱的计划,每年可以为公司省下近千万元的人力资源开支。自从他们推广这项计划以来,几乎不再需要其他任何渠道的协助,仅这些筛选过的学生,就可以满足其每年大量的用人需求。

当然,这是一种大手笔的做法,不代表适合于所有企业。但这种主动型的招人策略,却为我们找到适合的人才,提供了很好的借鉴。**我屡试不爽的一招,是随处留意那些我们碰上的,并在一瞬间留下了深刻印象的销售员**。因为好的销售是不分专业和行业的。我不关心他主修什么课程,目前在卖什么,而在意他是否热爱与人打交道,愿意锲而不舍地理解并满足客户的需求,同时还能乐在其中,这才是我们要找的人!

一次去虹桥路办事,与朋友约在新淮海坊里的"茶香书香"碰头。刚一坐定,就迎面走来一位学生模样的短发女孩。人不算漂亮,但一看到那张微笑的脸,就感觉舒服。"这是菜单,你们先看着,我去倒柠檬水,最近这天真是热得离谱。"在分别递给我们一份菜单后,她并没有立即离开,而是提醒我们前3页是荤菜,中间2页是素菜,最后一页是酒水。在确定我们可以快速找到需要的菜品后,才转身离开。再出现时,除了带来的两杯柠檬水外,还递给我一个小手提袋,因为她发现我桌子上放了些资料,担心我走的时候可能不方便拿。我笑着将要点的菜告诉了她,她并没有像其他服务员那样记完就走,而是扫了一眼菜单后,提醒我要留意饮食中的酸碱平衡,建议我将其中一个荤菜换成素的。我有些好奇地问:"一般人家都是介绍贵的菜,你咋反着来呢?”

“这是我们店的要求,始终要站在客户健康的角度进行服务。”她回应道。我一开始以为她已经来店了很久,一问才知道,这是她实习的第16天,目前还没正式毕业,难得她能讲出“我们店”三个字。显然,这是一个好苗子!我不失时机地问道:“你毕业后有什么规划?是否对金融行业有兴趣?”

“有兴趣啊!但听说没关系挺难进的。”看得出,她心中掠过一丝波澜。

“这是我名片,方便时把简历发我一份。”就这样,我和她建立起了联系。一次真实的,事先没准备的服务体验,比事先约好的10次面试都来得有说服力。后来,我把她推荐进了一家支行做客户经理。她很珍惜这个机会,再加上自身的悟性,现在已经是Top Sales了。

另一次挖人经历,源于我年初的欧洲游。当时为了报团,寻进了一家涉外旅行社,接待我的是一位30岁左右的小伙子,接过名片才知道他是店长。交妥个人资料后,每隔几天,他都会主动与我联系,告知我进展。从保证金业务的办理,到签证的跟催,再到出境游必备品的提醒,每项事务都处理得井井有条。令我印象深刻的是在我旅游结束后,他邀我一起吃饭,结果自己却迟到了10分钟。当他出现时,气喘吁吁,满头大汗。他反复表达着歉意,告诉我刚从另一位客户那里签完单赶回来。“你是店长,也要这么辛苦吗?”我有点不解地问。

“生意难做啊。公司里的不少人坚持不了,离职了不少。现在,就连我们的行政人员都要跑业务,我更要带头。”从他脸上,看出些许倦意。

我喜欢跟销售员聊天,了解他们的想法。能碰上就是缘分,怎能让好苗子从眼皮下溜走呢!于是,趁吃饭时,我主动引导话题,了解到他的基本情况:国内普通大学毕业,做过2年电脑销售。后来到了这家旅行社,从实习业务员做起。2年前,因业绩突出已被提拔为店长。如今,事业遇到天花板,感觉发展乏力。

几杯酒后,我若无其事地问:“既然如此,你就没想过换换行业?”

"坦白讲,原来真没有。但最近偶然会想想,但旅游行业我都做了6年多,也不知道还能做什么。"他有些无奈和迷茫。

后来,大家应该猜到发生了什么。我早早就拿到了他的简历,并在3个月后的一次聚餐中,将他成功介绍给了一家信托公司。最近得知,他早已成为业务骨干,快升做团队主管了。

这种生活中随时随地的积累,可以为我们在真正用人时,节约很多甄别判断的时间。而这些时间,在传统的依赖简历、笔试和面试的旧有流程中,是不可避免的。

让应聘者"素颜"出镜

相对简历库中浩如烟海的选择,内部同事的推荐,往往显得更靠谱。毕竟,他们对做过的工作有着自己的体会和判断,不容易遗漏掉一些重要的信息。挑战来了,你必须有所准备。因为来到小房间里,坐下来和你四目相对的那个人,无论来自简历盲选,还是内部推荐,都已不是一张白纸。对于似乎已经约定俗成的常规性面试问题,这无疑是一种挑战。

"面经"依旧热卖,总有些人对面试中的规律性问题乐此不疲。对于企业而言,这是一场有关经验的博弈。我们必须跑得比教科书快,而不是把决定权拱手交给那些对结构化面试一知半解,不会灵活运用,且没多少一线经验的招聘官。

这事儿我体会很深。曾向公司力荐过一个销售员,业务部门主管面试后对她也比较认可,但过了1个多月都没能入职。焦虑中,她托我再问问,这一了解才知道原来卡在了HR。我拨通负责招聘的同事电话了解到,他们觉得该应聘者此前经验不够丰富,相关证书不够多,在面对压力性问题时显得有些紧张……好一套标准的官方回复!但对于她身上的闪光点,却只字未提,或许压根就没发现。我强调她骨子里是一个不服输,很能吃苦的人,但这位自信的HR却不为所动。无奈,我直接找到了再高一级的领导,详述了情况。几经折腾后，终于答应招进来先试试，搞得我压力也很大。一年后，这名销售员不负众望，取得了分行第一、全国第二的好成绩，终于得以扬眉吐气。

在一次次赶跑 Top Sales 的同时，我们却迎来了不少滥竽充数的“演员”，能在你既定的常规问题上对答如流。比如你问他是否对公司有所了解，他立刻把头一天晚上通过网络刚刚搜出的内容背上一遍，那感觉就像他早就有所关注一样；你让他谈谈对得到这份工作后的打算，他马上给你说出一堆正确的废话，同时告诉你，他有多渴望得到这份工作，并拍着胸脯保证，他会把这份工作当成毕生事业去做；你问他还有什么问题，他会若有所思地看着你说：不知道贵公司有哪些培训？这个职位的未来发展前景是怎样的？更讨巧的是，一些工于心计的应聘者会充满崇拜地问：想知道您是怎么做到这个位置的？听上去很爽吧！是不是有点似曾相识？

相信大家对“蜡烛燃烧问题”、“火车相遇问题”、“说谎者是谁”等数学或逻辑问题并不陌生。最早被微软等大公司使用，后来就被直接照抄，变成了某些公司通用类的试题。用它考考战略部或财务部的人尚可，硬拿给销售员做，只会混淆了你的判断。

另一种比较流行的做法是性格测试，每道题目无对错之分，凭第一印象做选择即可。我自己曾做过，也拿给别人做过。最后发现，放下这些题目对应的性格是否准确不说，光从操作层面而言，人为因素其实很强。比如出题者认为，销售员的性格应偏积极进取的一点较好，于是通过设计 4 种不同的回答，来判断你的积极进取程度有多高。这简直太容易了，你认为性格温和的人不知道你什么意思吗？为了得到这份工作，他会在答每道题时，都有意识地去选一个比较激进的答案。最终系统给出的判断，较此人的真实性格相距十万八千里。虽然你仍孜孜不倦地优化着题库，但方向出现了偏差，应聘者太聪明，不是靠回答几个开放式或封闭式的问题就可以彻底了解一个人的。

西门子在选人方面有一套创新的做法。我毕业那年，有幸全程参与了一次。选拔用了一整天，我们这批12个人从早晨9点起，便开始了8个小时的车轮战。首先，将所有人根据1、2的报数，分成了2个组。接着，大家相互认识，自行讨论选出组长(有点美剧——《学徒》的味道)。在这个过程中，西门子的4位观察员始终坐在附近，静静观察着每位竞聘者的行为。随后是一场长达2小时的辩论，论题事先拟好，与最热的社会现象相关。2个小组在组长的引导下，先进行1个小时的讨论与资料收集(现场备有上网设备)，而后开始1个小时的辩论(形式较辩论会类似，人数稍多)。在这个无法事先准备的环境中，每个人团队合作意识、信息收集能力、语言表达能力、临场应变能力均暴露无遗，被一旁的观察员如实地记录了下来。这个环节结束后，基本就已临近中午，我们只有1个小时的午餐时间。

下午1:30，我们被带到另一个多功能厅，观看西门子的一个宣传短片。不少人以为放松一下而已，肚子填饱后还有几分睡意，并没有用心去记，后来才知道这是下一阶段测试的一个铺垫。大约2点多时，我们回到了上午的那个房间，见到了6位观察员，其中包括熟悉的那4位，最有挑战性的PK开始了。

每人拿到了一张A4纸，上面整齐地列出了15种商品。一部分是西门子的产品，如洗衣机、冰箱。另一部分很有意思，是些好玩的东西，比如成龙演唱会的门票、海南双飞机票等。竞赛的规则，是看谁能在有限的时间内卖出最多的商品(按第一个完成全部商品销售的人所用时间计算，最长60分钟)。怎么算卖出呢？以产品旁的签字为准，有了签字，即代表成功销售，无需真实交易。唯一的限制，是销售的对象必须是西门子的员工。这是一次贴近实战的演练，不再有组的概念，每个人独立作战。这些观察员训练有素，除非真能打动他们，否则，你得到的永远是面带微笑的拒绝。更考验人的，则是僧多粥少：会场内只有6个人可以被销售，这就意味着只要有人动作稍慢，便得花时间等。等在谁身边也有讲究，有的人可能3分钟就搞定了，而有的人聊20分钟也不肯走。

这次真刀真枪的考验，将被作为权重最高的一项考核，计入到应聘者的最终成绩中。时间一分一秒地过去，有的人名单中过半数的商品已拿到了签名，并还在热火朝天地交流中；而有人名单中的签字只有零零星星一两个，急得满头大汗，无所适从。完全公平的起点下，差距正在不知不觉中被拉开。大约过了30分钟时，我还差6种商品没卖出，很担心这时有人全部卖完，而导致活动结束。情急之下，突然想到为什么不去会场外销售一圈？游戏规则中又没写不能离开这个会议室。我拉门而出，来到他们的办公间，抱着试试看的心理，开始寻求他们的支持。仅用了10分钟，剩下的6个签名就搞定了。我飞奔回会场，提前20分钟，结束了这场战斗。后来得知，在西门子这一天特殊的选拔中，我最终获得了综合成绩的第一名。

虽然最终我没去西门子，但自己在银行的表现，足以证明他们的这套情景选拔测试的有效性。当然，不是每家企业都有这样的资源和能力来做这件事，但这种贴近真实的选人思路，却值得借鉴。**“兵”选不对，是后续一切灾难的开始**。我们很难做到十分准确，一些问题，可以留给后续的培训去解决。但至少，我们可以通过营造一个尽量真实的环境，去抵消应聘者提前准备的“美颜术”，使他们“裸妆”出镜，由其性格资质自己去“说话”，从而找到真正的“好苗”。

第二节　你有“培训路径图”吗？

我们都有这样的体会：去一家普通餐厅吃饭时，想叫服务员换双筷子，加碗米饭，好像特别难。你喊她，她听不见；你向她招手，举到手酸，她就是不往这儿看。但如果你去海底捞，即使在人最多的时候，也很难出现这样的状况。什么原因？他们服务员人数多？不是，是人家训练水平不一样。

还培训一个本来的面目

培训这件事其实贯穿人的一生。我女儿琦琦学爬时，费了家人不少心思。爷爷在前面拿着玩具逗，奶奶在后面帮她把腿交替向前推，但她就是不习惯。往往把头一埋就地耍赖，或是喊上两嗓子，以示抗议。但这并不妨碍我们教她的决心。慢慢地，她对“爬”这个动作有了点概念，能自主地蹬几下腿了。一日，她突然顿悟，在众目睽睽之下，可能自己都没想到，竟缓缓地移动起来了。

后来，爬的技能需要升级换代，她开始学习走了。受到习惯的束缚，她依然本能地抵触。大家就把她想要的东西移到高点的地方，诱其先试着站立。当她逐步适应后，觉得挺新鲜，一下子能看到更远的东西了，这离会走就不远了。可学步的过程从来不是一帆顺利的，这个阶段，孩子其实挺留恋爬的，主要原因是对能不能走稳这件事不太确定，所以常常很小心地挪动两步，就马上蹲下，又改成匍匐前进了。而一旦有人领着，她心中顿时充满了安全感和正能量，又走到另一个极端，改成大跨步，总想一步到位。不要小看这样的训练，需保持手脚协调，保持平衡。稍不留神，就会摔倒，搞不好头还会磕到桌子，碰上椅子。

我们每个人又何尝不是从出生那天起，通过各种培训，逐步成长起来的呢，只是有些培训我们不容易觉察到而已。长大后，我们的专业知识、岗位技能、为人处事、特长爱好……都是在培训中被启发，并通过不断的重复而积累下来的。有人可能会说，我并没去参加什么培训班，是我观察到和自学来的。我们不要狭隘地去看培训，有的培训需要借助他力，有的培训自己即可完成。**凡是自己去用心经历并有所领悟的，都是接受培训的过程**。其实根本没有天赋异禀这回事，一个人是因为培训而改变的！

然而很不幸，培训被一些人变成了挥舞着拳头、喊着口号的集体洗脑。更有网友开玩笑地说：“培训，不就是把娃圈起来，一期一期地收钱嘛。”如今，海量的碎片化信息，正以泛娱乐化的形式，通过微博、微信等渠道，迅速侵蚀着我们的大脑。大家好像都很忙，连找个车位都要花上半小时，个个行色匆匆，以为刷刷手机屏就是学习了。甚至手机一会没响，便担心是不是坏了。这种生态的形成，为垃圾信息的传播，提供了舒适的土壤。

“标题党”就是一种利用人们猎奇的心理，润物细无声地影响着大众价值观。在“新媒体”这个好兄弟的推波助澜下，他们日日编织着欲望、黄色或暴力的段子，不断刺激着人们的眼球，并一次次刷新着点击率的纪录。也难怪现在的社会新闻，总能不断挑战人类的道德底线。在这个独立思考可被一键“转发”功能轻松取代并掩埋的时代里，一些深陷其中的90后，甚至还没毕业，便已浑浑噩噩，人云亦云。在将生命献给鼠标后，除了知道点《海贼王》和《魔兽世界》之类的，也就剩下了一身抱怨的本事了。

那些接近金字塔顶端的人，却对成长有着不同的看法。陈峰——海航集团董事长，下辖10家航空公司，管理几百架飞机，应该算日理万机了吧。几天前，在与于丹共同录制的《老友记》中，他道出坚持了几十年的习惯：只要一得闲，就会看书，并且用蝇头小楷做读书笔记，每天四五百字，从未间断。他酷爱经典古籍，在流传了千年的诸子百家著作里，寻找着企业管理与人生的大智慧。只要听听他说话，你就会明白为什么这家人数超过10万的“巨无霸”，在他的管理下会运作得有条不紊。

其实很多的领袖与商界名人，都有持续充电的习惯。毛主席在统帅千军万马的战争岁月，依然能抽出时间通读并点评《二十四史》；松下幸之助每天回家再晚，也会翻上20页书；王石身为中国最大房地产公司的老板，却在60岁时，来到哈佛大学，主动寻找提升的机会，以惊人的毅力成功挑战了人生的另一座山峰，此前，他两次登顶世界之巅——珠穆朗玛峰。

再将我们的目光聚焦到员工身上，你会发现，**业绩其实只是一种结果。而这种结果不是一天形成的，而是由日常的工作习惯决定的，这便是培训的意义**。仔细观察，你会发现原来一些员工Office软件用得不熟，结果浪费了不少本可以联络客户的时间；有的人业务能力较低，很多时间被消耗在了内部系统操作上，造成效率下降；某些同事搞不清职场秩序，“请示”与“汇报”的对象经常弄错，引起老板不爽，在与同事的工作配合中也笑话百出；还有人不修边幅或气质欠佳，还没开口已经失去了客户……所有这些，都需要系统的、专业的训练。否则，不仅业绩持续的增长得不到保证，还可能时不时给主管捅个篓子，把我们这些“救火队长”搞到身心疲惫。

培训的重要性，从培训或咨询行业的蓬勃发展便可一目了然。然而，并非所有的公司对此都有足够的理解，为什么这么说呢？看看每家企业培训部的人员规模就知道了。

我曾经服务过的渣打银行，就是一家非常注重培训的企业，仅中国区的内部培训师就多达 30 人，与其同等规模的企业，有的培训部仅 3 位讲师。就这样他们都还觉得不够，又签约了几家外部的培训公司以补充师资。渣打多渠道研发或引进课程，并通过邮件或内网不断地向员工主动推送信息。一名新人入职，无论他在哪个城市，都几乎可以分批到上海总部参加为期 2 周的封闭式培训，既学习了知识，还结交了同一批入职的“小伙伴”。

可遗憾的是某些企业在招待费方面大手大脚，却把钱克扣在最重要的培训上。随便刻张光盘，有些光盘中甚至只有文字，没有视频，就让员工回家自学，并且后续也不检查效果。你认为有多少人回家会主动看光盘？即便看了，效果能和面对面的培训与练习相提并论吗？可悲的是，不少企业仍对此不以为然。

“培训路径图”是哪位大师画的？

许多年前，当我刚被任命为一家银行财富管理的区域主管时，与老板去南京出差。路上，她同我闲聊起来，问到：“Tony，你对目前行里的 Training Road Map（培训路径图）怎么看？”

这一下把我问傻了，对于一直埋头做业绩的人，连听都没听说过这个其实挺平常的词。我不善于不懂装懂，便弱弱地问了一句："什么 Map?"

"Training、Road、Map。"她放慢语速，字正腔圆地重复道。我已经记不清后来我们聊了些什么，只记得一回到公司，我就赶忙去"百度"了。那次，是这个词第一次刻入了我的脑子。

在后来的出差走访中，我也问过别人相同的问题。发现大多数管理者，对培训路径图的理解多少有些片面，甚至对使用它也显得不是那么情愿。为什么要培训的问题此前已讨论过，现在，我们就来看看怎么培训才有效。

建立路径图的初衷，是为了找到适合企业的培训标准，不是每家企业随便抄一套方案就能直接用的。这就像胖子和瘦子、老人和孩子，不同人的营养膳食组合是不一样的。接下来，我们从三个维度来看看培训内容应如何设计。

首先是宽度，代表着培训套餐组合中会放入几种类型的"食物"。会上海鲜吗？有啤酒喝吗？又有哪些蔬菜和水果呢？听上去好像都不错，但并不代表这些东西全都要配齐。比如对于因石油泄漏而导致海水污染区域的人而言，海鲜最好先停一停。对于患有脂肪肝的人群而言，也就基本告别啤酒了。

同样对于企业培训而言，组合中可以包括观念类、产品知识类、技巧类、管理类、文化类的项目等，而对于管理人员而言，要根据企业的商业模式，或其销售员所处的成长阶段，差异化地决定他的培训宽度。因此，有的人可能需要学 3 门课就够了，而有的人则要花 2 个星期学足 10 门课。

深度是另一个要考虑的维度。每道菜有多少量？花多大功夫做到什么程度？炒熟后盛到盘子里时，是要摆出一个形状，还是随意放？同样需要分析食客的情况。对于那批有一定经验，迫切想做好业绩，却苦于找不到好方法的同事，他们需要的是技能方面更深入的训练，不要企图用那些基础的通用知识打发他们。而对于初来乍到的新人，你给他讲一大堆产品组合营销的玩法，他恐怕一下子也消化不了，对业绩的帮助不会太大。这就需要对课程库中同一类的课程进行细分，设计出与客户经理职级或职务相对应的课程。员工一旦达到某一层级，便自动配上相应的培训。

当确定了一位员工课程的宽度和广度后，还需要从空间上考虑第三个度——“角度”。什么是角度呢？是指课程从哪里切入，要有一个先后顺序。这就像我们放暑假时报了个班学游泳，应该先练手的滑行动作，还是腿的打水动作？每个动作练多长时间？占总时长的比例多少比较合理？另外，第几天完成换气的练习？第几天进入到手脚的配合阶段？都是需要提前计划的。

这是不是就够了呢？我们再以烹饪为例，同样的食材，同样的做法，营养和品相是否一样呢？有的厨师用依云水煮米，有的直接用自来水；有的厨师用 Olivia 的橄榄油炒菜，有的用地沟油。饭菜照吃，但口感似乎有点儿不同了。另外火候的掌握、调味品的使用、辅料的搭配等，都会影响到最终的效果。同理，就培训而言，这通常由讲师这个关键因素决定。

培训这个市场，可谓鱼龙混杂，充斥着太多缺少一线经验的“职业讲师”。他们以讲课赚钱为生，四处“走穴”，在某些讲师经纪公司急功近利的包装下，俨然一副专家的样子（难怪网友亲切地称呼他们为“砖家”）。曾听过几次这类江湖郎中所谓的培训，归纳了一下，基本两种表现：要么一副惜字如金的学究气质，给你搞理论玩字眼；要么口若悬河地讲故事，乍一看，案例挺丰富，其实都是七拼八凑听来的，缺少逻辑性。由于没有切身体会，更谈不上思想体系，令业内人一听，索然无味。但就这种水平，却总能唬住一些自己既不太懂，又缺少判断力的领导。钱花了不说，还浪费了同事们的宝贵时间。

员工整天喊着培训无聊的时候，当然有他们自己的一定因素，但我们是否想过，在找对讲师这件事上，是不是出了点问题呢？**面试讲师时，除了他们的授课经验（授课经验容易包装），不妨多问几个问题，深入地了解一下他们的行业经验，特别是做基层时的一些工作细节**。因为同样的内容或同样一句话，由那些曾经的 Top Sales 所呈现出来，就是能令学员感同身受。这其中的味道与能量，是那些没多少销售经验的人单用技巧，所无法演绎的。

另外，培训的形式，也将影响培训效果。一般而言，户外培训（非公司内部办公区域）优于在公司内的培训，场地的新鲜感多少会降低学员的疲惫感；剧院式的座位排列略好于课桌式的，因为总有学员借桌子打盹或百无聊赖地涂鸦；环岛式的排列又好于剧院式的，每个“岛”6～8 个人，学员自然而然地形成一个个小团队，有利于课堂上的参与和讨论。教学素材除了 PPT 外，最好有小段的视频或音频。在结束了每个关键知识点后，应及时安排学员上台练习。学员疲惫时，可及时组织几个好玩的游戏提提神，这些方法都可以显著地提高培训效果。不过，连“职业讲师”都知道的地方，我们就不在这里展开介绍了。

第三节　培训的“长尾”——通关训练

我们是不是时常听到这样一句话：“培训也做过了，咋就不见起色呢？”我倒是想反问一句：“你的培训真的做完了吗？”

你是否检验过培训的效果？为什么当员工好不容易与客户相见的那一天，一开口还是吞吞吐吐词不达意，业余到根本了解不了客户需求，完全无法掌控谈话的主动权。原因就在于训练水平不够，没有建立起一个机制用来保证员工进行足够次数的练习，无论是与真实客户，还是在和其他同事的模拟演练。而这些训练，构成了培训后的一条条可爱的“长尾”。员工销售能力要跨过的那道坎儿，其实就潜伏在这段长尾中。

谁来扮演培训通关的客户

把控尾巴光靠盯着“研究”远远不够，是要靠“抓”的。一些企业在培训结束后，弄几道题让大家做，80 分以上就算通过，这是自欺欺人的，连方向都错了。照这个逻辑，武将都可告老还乡了。打起仗来，派文官出场，天下即可太平。荒诞！有的人很会做题，次次得满分，但当一个客户站在他面前便立马手足无措。没有真刀真枪的硬本事，一旦短兵相接，只有挥刀自宫的份。

还有些公司，为了帮助员工记忆，搞出不少针对产品或服务的要点式的总结。出发点是好的，让员工平时看看也不错（新员工最好贴在醒目的地方，随时可以看到），但非要把这些内容变成“话术”，编成几种情景假设中的标准回答，就显得有些牵强了。我们培训的要点，不是让员工死记硬背每句话怎么说，因为你永远无法预知客户下一句话是什么。而是尽可能地培养一种正确的营销思路，方能以不变应万变。所以，**抓好培训长尾的关键，在于设立一个可以检验是否达到融会贯通的标准，并通过严格的通关演练，使每位销售员达标**。

标准是不容降低的。一些主管知道通关重要，也这样做了，可惜扮演客户的人没有找对。比如让两名员工相互扮演客户，问题就来了：为了换取自己通关时的宽松环境，大家在扮演客户时都不想为难对方，显得特别配合。营销的一方思路没深入时，扮演客户的同事还会主动挑起话题，给对方以暗示。没聊几句，就点头表示愿意了。这种情况其实很常见，但问题就出在主管对此视而不见，往往是待整个营销过程结束后，给上几句不疼不痒的所谓点评或总结。真可惜，一次本可以提高营销水平的通关训练，就这样轻易地结束了。

我们应该把评判通关成功与否的权力掌握在自己手里，亲自扮演客户。不然，当你觉得过程不够真实，不想让他通过时，又会陷入两难：一方面，扮演客户一方确实愿意购买；而另一方面，你又觉得太假了，就算亲戚也不能这么放水嘛，还什么矛盾冲突的剧情都没有，“演出”就落下帷幕了。

“关”要这么“通”

在我们扮演客户的通关中，有很多技巧可以帮助我们做出判断。比如，故意问一些跳跃性较大的问题，来观察员工的思路是否会被你带乱。初级的销售稍不留神就会被客户牵着鼻子走，疲于应付客户提出的种种问题。纵观整个谈话，自己是缺少一个逻辑主线的。而 Top Sales 总是善于把客户的思路牢牢抓在自己手里，通过巧妙的提问，始终确保客户的思绪行在他们预设的轨道上。这就像一部精彩的电影，令你欲罢不能的，不在于炫目的画面，而在于环环相扣的情节。如果你发现某人被你事先设的"局"绕进去，被你的谈话逻辑带得跌跌撞撞，是不能算其通过的。否则，就像一件不合格的产品，因质检员犹豫的"乌龙指"，而流入到市场中，终有一天会被消费者发现并投诉。

另一种策略是抛出难题性问题，比如说我们已经有了类似的产品，不是太需要什么的。这时，缺少训练的销售要么无言以对，要么慌张应对，急忙就说："没关系啦，你还是试试嘛，我们的产品肯定更好，因为 1、2、3……"用强行推销企图强行挽留客户，其结果往往适得其反。而成熟的销售员则沉着很多，不慌不忙地继续提问，从而深入地了解客户的需求。一方面，他们挖掘其对现有服务的不满；另一方面，引发其思考愿景与期待，从而找到对症下药的突破口。因为很多信息如果你不问，客户是不会告诉你的。不一定是他不想说，也许连他自己也没理清楚，这就需要我们的引导。**Top Sales 深谙营销并非是拼命罗列产品特性的推销，而是一次寻找和满足客户需求的过程**。

再比如，我们还可以提出价格太高，接受不了。你去观察，又会有人露出马脚。他们跑来和你争论价格究竟高不高的问题，甚至强调成本也很高，价压不下来。这又属于一种典型的陷到客户逻辑中不能自拔的表现。因为他们不明白，贵与不贵不在于价格。客户要的不是便宜，而是要占了便宜的感觉，如果缺少这种感觉，再低的售价他还是会觉得贵。而熟练工的第一反应，一定不是急于辩驳，或许还会赞同你。但接下去，他可能会回顾一下自己的心路历程，和你分享他的思维转变，以及为什么他觉得是值得的。以退为进在处理困境问题时，可以起到意想不到的效果。一旦你发现演练者在面对难题时，喋喋不休地和你去争价格本身，基本可以判定，他还没掌握正确的思路。你需要做的，就是忠于你作为客户的真实感受，否决其本次的通关。同时，及时点出问题，并予以示范，和其约好下一次通关的时间。

除了重点考察通关者的思路与话术逻辑外，还要留意员工对辅助工具的运用能力。图表与数字的灵活运用，可以直观地反映出自己较主要竞争对手的差异性，在很大程度上加强了客户对解决方案的印象。一些制作精良的小折页，可以分门别类地插在一本活页夹中，就像你的弹药库，在需要的时候，随时翻开给客户一个具体的图像记忆。计算器和笔应常备手边，和客户谈到具体数字时，随时敲几下，写下来给客户看。同时，要将客户关心的问题、新了解到的需求以及达成的共识快速记录下来。呈现方案时，至少要准备两种以上供客户选择。客户都爱做选择题，这与老板的喜好是一致的。

让通关更贴近真实

更全面的测评，还应覆盖谈话的开场与结尾。销售人员如果一上来缺少基本的寒暄和热络（前提是他们还没有那么熟），会给人一种唐突生硬的感觉。但这个部分绝不要做作，千万不能给人一种为了说而说，完成一项例行任务的感觉，做假了还不如没有。老江湖们会捕捉客户身上的细节，轻松自然地找准谈话的切入点，而不是每次都由老掉牙的天气问题展开。

美国NBC电视台著名的脱口秀主持人杰·雷诺在《Tonight Show》中采访奥巴马时的开场，就值得我们学习。气场十足的总统刚一落座，他就应景地问："您需要点什么？给您来个提词器？"全场笑声一片。为什么有这样的效果呢？原因在于就在录制节目的前几天，弗吉尼亚州的小偷把装有总统提词器的卡车偷走了，结果立刻有网友做了一段剪辑过的搞笑视频，很快蹿红了网络。画面中，没了提词器的"演讲帝"在台上焦躁不安，支支吾吾地对付了三句话，便落荒而逃。面对这样略带挑衅的提问，总统并没去强调视频是合成的，而是同样幽默地回应道："不用了，随便聊个天不用题词器我也能行。"

很多时候，一味的客套反而会使彼此的心里产生隔阂。而适度的、不见外的玩笑，却能调节气氛，拉近距离。

交易促成是通关的另一个关键考核点。我们重点要观察员工是否可以找准时机，在合适的时候拿出合同，促成交易。一些员工在和客户聊的时候很忘情，结果愉快地送走客户后才发现，忘了说签合同这回事儿。另一些则是一直想提，却苦苦找不准机会。在念头无数次闪过大脑后，终于还是因为不好意思，纠结了半天，还是没踢这临门一脚。结果回头一想，遗憾啊！

怎么把握这个火候，在恰当的时机邀请客户签单呢？答案永远是客户情绪的兴奋点。**销售本身并不难，难就难在销售前的铺垫。当你铺垫到位了，客户被你聊兴奋了，最后的交易，就变得水到渠成了。**

另外需要考虑的是见面的场合。有些地方其实并不适合于谈业务，比如KTV或麻将室，在这类场合不如尽情地放松，效果会更好。这种情况下，演练中要留意的不再是合同签署与否，而是通关快结束时，是否与客户约好了下一次见面的时间，作为新一次邀约的依据。很多时候，我们说了句："有机会再约。"就转身离开，从此消失于茫茫人海之中。这个"有机会"只是礼仪上的客套，并无时间上的意义。当你下次再找他时，客户可以轻而易举地拒绝你，反正当初又没确定过时间，哪怕是一个时间范围。但凡和客户提过一句，比如"下周的上半周"或"下个月中旬左右"这样的话，当我们联系他时，都可以抛出一句说："根据上次咱俩的约定，您看是今天还是明天见面比较方便呢？"这让客户感觉合情合理，哪怕还是拒绝你，也会多少心存歉意，并很可能主动提出一个新的见面时间。这时，我们只要答应，并当着客户的面，将新的时间输入到手机的约会提醒中，或记在笔记本上，下一次十有八九，可以见得成。

除了以上种种，我们在演练中还要留意通关者的眼神交流、肢体语言，以及语速和语调。

一些敏感的或有一定“精神洁癖”的客户（我感觉自己就是其中之一），往往能从对方的眼神中读出很多信息：目光游离的，可能是耍大牌或没睡好；黯淡无神的，或许并不热爱自己的工作；紧盯不放的，恐怕他有点紧张或过于急迫，搞得客户也不够放松。对于那些没学会柔和又不失力量地运用目光，注视客户脸部三角区域的员工，通关时不能让其通过。

坐姿也很重要。那些坐下去驼背的、斜靠的、叉开腿或腿一直抖动的人，都易引起客户的不悦。手势的运用奥妙就更多了：幅度多大？向上向下？运行轨迹美不美？是该握拳还是平摊？拇指与手掌是并拢还是分开？这看起来似乎有点较真，但我们不能因为难练，就放弃这一可能引起客户感觉微妙变化的因素。

语速的变化有一个规律可循。在客户比较认同你的前提下，降低语速，给客户足够时间来加深印象、形成共鸣。在客户比较犹豫或质疑的情况下，适当加快语速。保持一种松紧交替，可创造出抑扬顿挫的谈话效果。

如此诸多要求，皆属于“台下十年功”的范畴。在主管为员工通关打分时，切不可手下留情，因为你是他们最终“投产”前，质量检测的最后一道关口。训练水平欠佳的人，你不要抱着侥幸心理，幻想他在面对真正客户时，能够超水平发挥。这就像参加奥运会百米赛跑的田径队员，你敢指望一个训练成绩只有 12 秒左右的人夺冠吗？不现实嘛！即使发挥不错、一切顺利，能进复赛就已经谢天谢地了。更靠谱的是一个平时就能经常跑进 10.5 秒的人，才有机会冲击一下奖牌，而且还要在发挥稳定的前提下。

Top Sales 也不意味着每个客户都能搞定，能在目标客户上十拿九稳，就已经非常不错了。我们要避免的就是当一个客户本来是有某种需求的，但因为自己员工水平不济，白白浪费掉机会。更可悲的是，这个过程往往是不可逆的，因为除了给客户留下的第一印象不是很好外，激烈的同业竞争是另一个因素。这就像你因为自己还不够优秀，错失了一位内外兼修的“白富美”或“高富帅”。蓦然回首，发现他（她）的身边早已有了另外一个人。早知如此，奈何当初没花点时间修好“内功”呢。

通关的重点人群，是业绩落后或是经验较少的员工。比方在一个100人的团队中，我们筛出了30个人通关。则第一次要刷下20%～30%，比如8个人。这时，我们要定出下一次通关的时间。不仅发给这几个需要再次通关的人，还要抄送给剩下的92人，让大家知道你对培训效果的重视。这并不意味着其他人就安全了，这是一个动态的名单。如果新一期业绩表出来后，那92个人中也有一两个业绩低于一个标准的人（比如排名后30%或一条业绩绝对值的线），会作为下一批的通关对象。如果时间赶得巧，可以和那8位第二次参加通关的人一起进行。第二次通关很可能有人还不够熟练，那就进行第三次、第四次，直至满意为止。员工避免通关有2种方法，要么提高业绩，不要落在后30%；要么在通关中表现良好，不要成为那8个人。但如果搞了一段时间发现，某人已被多次要求通关，但后续业绩仍无明显改善。这可能就预示着他的主观态度有问题，技巧性的培训已经不能解决了。怎么办？让我们带着这个问题，一起走进更有趣的下一节。

第四节　不要疏忽了对员工的“爱”

我比较少看娱乐节目，却在2013年的8月，被浙江卫视《中国好声音》中的一幕所感动。在汪峰团队中，一位年龄超过60岁，扎着彩色的头巾，玩了一辈子摇滚的Simon哥格外引人注目。他曾跟谭咏麟组建乐队，给梅艳芳写过歌词，这是一个用生命去拥抱音乐的人。就在那晚，他与一位90后的小姑娘狭路相逢，争夺晋级名额。排练中，年龄可以做小姑娘爸爸的他，花了80%的时间教她唱歌，结果，他自己落选了。

结果并未出乎我的意料。就像某些人说的，技艺要“传承”。和当天现场所有人起立为他鼓掌一样，我从他开口唱的第一句开始，就一直跟着他唱。因为他真挚的笑容、因为他"老顽童"般的性格、因为他并不标准的普通话，但最大的原因，是他这种"幼吾幼以及人之幼"的精神。他自己的女儿始终没来现场，但他能对同台竞争的90后小女孩毫无保留的付出，却为他赢来了无数的喝彩。同样，也令我着迷。就在他转身将要告别这个舞台的时候，这位小姑娘留着泪，不顾一切地奔向他，在他的怀里失落地抽泣。

不知什么时候，我的眼睛已经湿润。到今天，脑海中都时常会浮现出他们师徒二人相拥的那一刻。我想无论再过多少年，无论这个20岁出头的小女孩将来取得多大成就，这位恩师对她的影响，都将始终相伴。这使我不由想起这些年，自己在职场中遇到的贵人。有的已经去了深圳、香港、澳大利亚，有的还在上海，虽然见面不多，但每每想到他们，都有一种由衷的幸福感涌上心头。这让我继续琢磨起来，为什么这些人能在我的成长中留下浓重的一笔？为什么我会为这些领导竖大拇指，并无怨无悔地跟着他们干？他们身上有什么共性呢？

正在消失的 People Management

People Management（人的管理）恐怕大家并不陌生。而我专门为它独辟一节深入地讲，原因就在于这个管理最本源的问题，似乎在很多企业中越来越不受待见，人本管理的精神正在悄悄溜走。

甚至有人公然说："管什么管呀，只要抓住几个 Top Sales 就行了。不爽时把那些差的叫进办公室骂骂，让其自生自灭好了，我可没那闲工夫。"前一章中，我们已经讨论过过度依赖 Top Sales 的后果。谁都知道二八原则，但这不能成为不管团队的理由。更令我好奇的是，你是真的没那闲工夫管，还是没管人所需要的经验、耐心与气度？而这背后更深的原因，是你够爱你的员工吗？

可不要小看这个"爱"，不是想爱就爱得起来的，就像谈恋爱一样，爱也是一种能力。让我们再来好好看看这个英文词组，重点其实不在 Management 上，而是 People。提起 People，你首先会想到什么？我不由想说美国《独立宣言》中那句你一定耳熟能详的呐喊："All men are created equal（人人生而平等）"，这恐怕是历史上最激动人心的一句名言了。有了这个前提，我们才能也才敢去碰触"发展"、"梦想"这些在今天已经被捧得滚烫的词汇。在我们满大街追着一个捡破烂的老大爷问"你幸福吗？"时，还不如脚踏实地、尽己所能地去拼补这个支离破碎的价值基础。

管理者的周围，其实有许多力所能及的小事，对自己而言，大多是芝麻绿豆，并不起眼，但对于我们的员工，却可能是改变他一生的大事。

最要注意的就是尽量不要因为个人性格的喜好，戴着有色眼镜去看员工。在他们做事或开口前，已经把一扇门给他关上了。这个社会本已充满不公，但凡我们能怀着一点敬畏的精神，去体会当年那批受尽压迫的觉醒者所提出的"平等"。都有机会在队伍中实现相对的公平，也算是对人类这个永恒的理想，做出点具体的贡献。

行为的改变，一定是由思想的改变所引起的。在上本书中，我不止一次地写到了一位令我心悦诚服的老领导——吴总监。她身为高管，却有着一种这样位置的人通常所不具有的细心与洞察力：她可以发现某家分行下，某个支行里那位和她不知差了多少级的销售员一点点的进步。为了做好这一点，她常常在下了班后，依然戴着眼镜，敲击着计算器，借助尺子和荧光笔，在 A3 大小的报表中，透过纷繁庞杂的数字，找到那位散发出淡淡光芒的员工。有时，她会发个简短的邮件，并抄送该分行的领导进行表扬；有时她干脆直接给这位同事打个电话，去感谢他的付出。员工自然有些受宠若惊，精神为之一振，没想到总监竟能如此平易近人地关注到自己。放下电话，哪怕一天工作再累，也瞬间"满血"了。

这种不同寻常的行为背后，是吴总监对"People"的深刻理解。在一次陪她去深圳出差的飞机上，她向我道出了背后的原因："Tony，你现在做了父母有什么感觉？特别关注小孩子的一举一动吧。为什么呢？因为你爱她嘛！同样，我把下属都当成自己的孩子，他们还这么年轻，当你观察到他们的成长时，就会由衷地替他们高兴，止不住想给一个大拇指。可当你发现他们遇到困难时，又会不由去想怎么才能帮到他们。”听她讲完这段，我终于明白了为什么她每天下午 6 点左右会起来转转，和大家聊两句，让我们早点回家休息。而她自己，却又返回办公室，继续工作到晚上八点。

当我们从心底里对员工们充满爱时，他们不傻，都能感受到。**工作哪里没有？多几千发不了财，少几千也饿不死。大家是因为你这个人而坚持下来的**，这才是大多数员工真实的心理活动。

高居不下的离职率

离职率如实地记录着员工对企业的忠诚度，除非你说我们公司规定每年必须有 30％的淘汰率。事实上，最严格的企业制度，也无非是所谓的末位淘汰了。那么，为什么现在的许多企业离职率高居不下？为什么我们不断地被员工所放弃呢？

千万不要以为员工离职时所谓的“身体原因或家庭原因”是真的，那是因为他照顾你的面子，不好意思说，也没必要说破罢了。前段时间，听说一位曾经和我一个团队的女孩子提出离职，我颇有些意外。她性格开朗，平时常笑呵呵的，没看出她有这种意向。后来在茶水间正好碰上她，看身边没人，我悄悄问她原因。她有些无奈地说：“我自己也没想到，前阵子每天加班赶一个项目，好不容易告一段落。正巧这两天家里买房，我就想请半天假去过个户，结果老板竟然不同意。我老公劝我不如算了，去年的假都没休完，今年还不让休，遇到这样的老板，不如先回家调整一段时间再说。我想想也对，终于解脱了。”

“那你离职原因怎么说的？老板知道后又说了些啥？”我问道。

“原因说的是我自己家里出了点状况，需要休息一段时间。他就留我呗，先后找我谈了两次，因为部门目前实际很缺人。但我想通了，缺人时都这样对我，不缺时不更没法活了吗！哎，不爽也不是一两天了，我老板就是这么一个人。反正为他工作也得不到什么表扬，加班好像都是应该的，还处处被挑毛病，本想忍忍算了，但这次确实有些过分了。”她愤愤地说。

我回到座位上，给她发了封邮件，写了几句鼓励的话。但细细一想，怎么会搞到这样的地步呢？这其实在不少大企业并不少见。主管这样的行为，不仅影响到了一个人的发展，也给 HR 带来了额外的工作量：HR 又要花时间联系猎头，整理岗位描述，并在招到人后支付中介费，但这还只是开始。在新员工入职后，又要再来一遍培训，并等待其适应新的环境，短期内人均产能被拉低的风险骤然上升。之后，离职的员工手里的客户，转交给了别的同事。收到这些资源的同事，可能自己现有的客户都已经忙得不亦乐乎，没空维护新的客户。结果，这批客户中的部分人受到冷落，处理稍有不慎，又可能引起投诉等连锁反应。

所以，一个事件我们不能孤立来看。梳理起来，员工的主动离职或消极怠工，原因无非以下三种：①付出与回报不对等；②平台无法实现更大抱负；③环境不好，氛围压抑。

先说说这第三个原因。上述我的这位同事所遇到的问题，**关键是其主管发自内心地觉得自己就是“Boss”，这在很多大机构是颇为普遍的乱象**。一旦主管形成了这样的想法，傲慢与无谓的强势就会在所难免。曾听闻一家公司的主管在她的办公室里，因为一点小事对着一位员工破口大骂。这位员工被高分贝的咆哮所震慑，哆哆嗦嗦地一点点后撤。快移动到门口时，这位主管索性脱了高跟鞋，朝着门的方向用力地砸去……

久而久之，在员工的忍耐中，这类主管沉浸在团队的最高权威中不能自拔，自己都有点找不到北了。其实他们怎么能觉得自己就是老板呢？老板只有一个，就是公司的董事长，大家都是在为他打工。你能融入角色无可厚非，但如果非要较真搞到你死我活，就没意义了。有趣的是，另一种与之完全相反的形态，在中资企业中也较为常见：主管迷恋“无为而治”，几乎不干预日常事务。没有批评，更没有表扬，团队不温不火，一派“和谐社会”的假象。结果发现，无所事事比勤奋地工作还要让人筋疲力尽，更别提由此形成的团队氛围了。

第一种原因就更为常见了。所谓回报，既包括物质的，比如提成、奖金，也包含职位或级别的提升。值得提醒的是，如果老板能在既定标准的基础上，有额外的一点提高，哪怕很微小，都能让员工喜出望外。比如当你在和员工谈工资时，得知他希望的工资是8000元/月时，你索性给他9000元，比你抠抠搜搜给他7000元效果好得多。从长远来看，员工心理上由此产生的“正向波动”，对企业的价值远超那一两千元。

最难处理的恐怕是第二种情况了。有些业务明星到了一定阶段后，并不是不喜欢目前的公司，而是有了更明确的远大目标：不光是名片上看得见的职务，而是想挑战新的业务方向。但公司现有的平台，可能确实无法立即满足他。在这种情况下，我们决不要极力阻挠或是同他死磕他的目标有什么问题，这只会让我们显得没有水平。而应该真的站在他的立场，客观地替他分析。如果确实对他有好处，那么真心地去祝福他，他会感激你的，因为他知道你是放弃了自己的利益去支持他。这个世界其实很小，说不准哪天，他又回到你的麾下，变得更加骁勇善战，岂不乐哉！

这样做，让他们知道你的爱

我始终不愿意把人的管理归纳为某几种方法，因为这样的思路，本身就偏离了人本精神的轨道。大道至简，真正有人格魅力的管理者，不是因为他学了几条管人的技巧或方法，而是从根本上源自他对员工的“爱”。这种朴实单纯的感情，最能唤起追随者的共鸣。

当然，借助一些工具去管理自己的“爱”，是一种不错的习惯。一次去朋友的公司玩，发现他抽屉里有一张表，上面记录了部门每位员工的“生日、爱好、成长背景、动力来源”等信息。“这些东西都是我在每次与员工聊完天后，立即记下来的，不然很容易忘记。等到了想和员工深入交谈一下的时候，会忽然发现找不好切入点。”他边说，边向我得意地展示了一些管理的小工具。

到了表达“爱”的时候，你必须要对员工的各方面情况有一个基本的掌握。如果没有，哪怕距约好的聊天时间只剩十分钟，也要想方设法地打听一下。否则在他听来，大家根本就不在一个频道上。我的一位外企朋友 Eric，就向我讲述了一件发生在他身上的小故事。

一次，他业务条线上的一位高管心血来潮，来找他和另外 2 个人谈话。可聊到关键处时，这位老板脱口而出的一句话，令他郁闷了好几天：“你们 3 个人，好像都没什么一线工作经验，还是再找分公司对业务熟悉的同事聊聊，论证一下再说吧。”看我朋友目瞪口呆的样子，他转而笑着说：“哦对，Eric 好像做过销售，但你也没带过团队嘛。”我的朋友心想自己很久前就已经拿过 Top Team leader 的奖了，难道老板一点都不了解？转而一想算了，争论也挺破坏气氛的，便苦笑了一下没再接话。后来没过几个月，Eric 就跳槽了，收入翻了一倍多。他对我说：“就这种水平的老板，早点走就对了。都什么时代了，广阔天地，大有作为。”你看，我们随口而出的一句话，便引起了业务骨干如此大的情绪波动。同时他的看法，会影响其周围一群人对你的看法。**我们总是觉得员工善变，但他们离职的原因，其实就在你平时对他的点滴细节里**。

面对“三观”本来就截然不同的员工来讲，管理从不不是一件轻巧随意的差事。然而在职场中，还存在另一个让人更无奈的事实，即所谓的彼得定律（The Peter Principle）。我们终将遗憾地发现，每一个职位，最终都会被一个不能胜任其工作的员工占据。

作为主管而言，最闪亮的成绩单莫过于团队成员本来底子一般，而却在你的引导下，人人都自愿第一个来到办公室，最后一个走；自愿在有团队活动时及时地响应和参与；自愿不断训练自己的思维与表达，在每一次面对客户时表现得更好。当这种局面出现时，你会惊讶地发现，“螺旋桨”超过了“喷气式”，“汉阳造”打败了“AK47”。当你能把“许三多”训练成“兵王”时，你还会担心管理中有你搞不定的事情吗？

当然，在后续章节中，你还将通过本书了解到许多管理员工情绪或业绩的方法，比如结构性提问法等。而本讲最希望做的是试图唤起你对员工的“爱”。因为唯有这种情感，才能帮助你在面对性格迥异的员工时，以不变应万变；才能使员工在面对迷茫或诱惑时，首先想起的是你。不要搞到最后，员工准备跳槽的消息已世人皆知了，而你，是最后知道的那个人。

第三章　打通你的"造血功能"
——渠道获取客户的秘密

不久前看到了一篇文章，名为《渠道该死》。其主要论点是产品应该直面消费者，去除渠道费用，公司便可获得更高收益。因此该文的作者判断，其实很大一部分企业心里盘算的是，只要有机会，就把渠道一脚踢开。

高手在民间，网友的一条回复可谓精辟："你打算让中南海直接管理13亿国民？"显然这是滑稽的，如果按此模式，恐怕这只地图上的"公鸡"只能保留脖子以上的部分，其他地方，实在是没这个人力物力去管了。以上逻辑的根本错误在于，仅从静态的角度考虑了单一产品的成本，却忽视了客户增长后所带来的利润增加。即使是在互联网时代的今天，中介性公司的价值已被各种便捷的协助方式所打散，但渠道依然死不了。

很简单的道理：10个渠道一年帮你卖了1 000万，你拿20%的利润，获利200万；你自己拼了老命，一年卖了300万，算你拿50%的利润，仅得150万，你觉得哪个划算？除开利润，你自己对产品的宣传力度，和这10个渠道为你带来的产品曝光度相比，能相提并论吗？深入来讲，这不是一个数学问题，而是格局问题。独乐乐不如众乐乐，事实证明，自己闷头发展的“冷战思维”早已不适合现代商业的发展。渠道的先行者每天考虑的是如何把饼做大，而对于现有资源怎么分，那不是他们真正关心的事。

第一节　基础客户群与渠道营销

“窄巷思维”者的悲哀在于没想通一个基本问题：我们究竟是在做产品，还是在做客户？很多销售员被指标搞得心力交瘁，盘子里一共就那么十来个活跃客户，为了完成产品销售任务，盯住这几个人轮番轰炸，深度拔毛。最终，当客户个个被折腾成葛优似的，无毛可拔时，“产品不好，市场环境不佳”的声音便会肆虐开来。

每次我走访分行参加他们销售例会的时候，都会碰上似曾相识的画面：当我问一位同事为何业绩欠佳时，他的第一反应几乎都是说：“某某客户本来答应要来的，但我们产品报价没优势，结果客户出去比较了一圈，就没选择我们。”这时，其他那些担心也被我点到名的同事，作出一副沉思状，并不约而同地使劲点头。读到这儿你作何感想？这样的思维习惯，做出这样的业绩也就不奇怪了。每到这时，我总忍不住要问一句：“你难道就这一个客户吗？”结果，还真的有人把我这话当成一个疑问句，并天真无邪地回答道：“对了，我还有一个客户 B 也觉得产品不适合他。”我欲哭无泪。

我其实想说的是：能不能有点新意？好，就算你的老 C、老 D、老 E 都不愿意，就两手一摊自暴自弃了？先不评判你的销售技巧，单就三五个客户这么少的营销样本，你也好意思把责任都推到产品身上！那些手上有 300 位活跃客户的 Top Sales，怎么就从来没有这种困扰呢？每个客户的需求喜好各不相同，东方不亮西方亮，只要手上的客户数够多，还愁找不到能对上口味的人？所以，究其根源，还是基础客户群匮乏的问题。

谁是你的基础客户？

那么，什么样的客户算是基础客户呢？以电信运营商为例，那些刚刚安装了他们的SIM卡，打过一通电话，发过一条短信的人，就是他们的基础客户群。

为了打开客源，许多商家改变商业模式，纷纷采用免“入场费”的方式。先把客户批量“圈进”来，再从长计议。社交类的微信、微博；视频类的优酷、土豆；定位类的百度地图、高德地图……这些大家耳熟能详，每天都在用的服务，我们为此付钱了吗？没有。但请留意，现在没有，不代表以后没有。就像许多网游，当你玩到不可自拔，“停车费”、“过路费”等这些后续费用便不知不觉地跳出来了。令人匪夷所思的是，某些玩家不惜去“卖肾”，也要买到游戏“装备”，真正做到了用生命去响应你的产品。你看，基础打好了，我们不慌不忙，站着就把钱挣了。而这背后最大的底气，就是“基础客户群”。

让我们想想谁是2013年H股表现最抢眼的互联网公司？没错，就是腾讯。这家10年时间股价翻了100倍的公司背后，站着三四亿活跃的“屌丝”客户，而这个数字，几乎是中国网民总数的90%。他们从创立之初做“即时通信”软件开始，就像一匹被蒙上眼罩的赛马，不为市场上层出不穷的各种诱惑所动，始终如一地拼命积累着基础客户，完美诠释了“得屌丝者得天下”的预言。到今天，这只曾经战战兢兢的小马驹，已经成长为一匹肌肉饱满所向披靡的战马。

另一匹马见势坐不住了，在花了近6亿美元入股“新浪微博”后，又以近3亿美元的高价收购了高德地图。帅气的李彦宏教主一发不可收拾，就在不久前，在业内人士普遍判断估值过高的情况下，又以近20亿美元的天价，毅然买下“91无线”。各位大佬不断地为我们上演着眼花缭乱的圈地大戏，无论是阿里抢基于位置服务的LBS客户端口，还是百度夺桌面应用与娱乐的端口，其本质都是通过对互联网客户入口端的掌控，锁定基础客户群。因为这些客户才是这场游戏最终的买单者。

在“一桥飞架南北，天堑变通途”的理想已经可以轻松实现的今天，那些经济欠发达的地区，路上没车跑、公园没人玩的现状似乎有点讽刺。但这并不代表我们要等待移民全部到齐后，才开始建设一座城市。事实上，这种假设并不存在。当一个地方连路都还没修通的时候，是根本不会有人去的。过去我们说：“要想富，少生孩子多种树。”现在我们要说“要想富，齐心协力先修路。”搞活一方经济的方法，就是通过各类基础设施的高效配套，吸引人才源源不断地到那个地方去。有了人，什么奇迹便都可以创造了。同理，对于一家企业，好的渠道就像“高速公路”，下点功夫把路修好，车才能跑得快。当车跑得快了，就会吸引其他更多的车来跑，并由此带来了更多的人，当地经济便搞活了。

在我小时候，父亲领着我玩过一个“虹吸”游戏。他找了一个大水盆盛满水置于高处，再放一个空水盆在低处，两个水盆间用一条软管相连。随后，将管子一端浸于高处的水中，拿起另一端。当我用嘴一吸，然后立刻放于空水盆中时，奇妙的“虹吸现象”便发生了：水会从盛满水的水盆中，通过软管，源源不断地向空盆中流淌，直到高处的水全部流空为止。

如果将这些水比喻成客户，则那条软管就是渠道。我们再也不用为找不到合适的器皿舀水而发愁了，因为当通路建立后，我们不需要一次次地借助器皿进行重复的机械化劳动，这是石器时代的做法了。而**可以直接通过渠道，形成一条生产线，自动化地批量获取客户，一劳永逸地解决“客源”的问题**。而在现实中，我们许多人仍迷失在“红海思维”的束缚里不能自拔，无法领略“蓝海”壮美，始终未能走出困局，发现新大陆。

激活渠道

好多时候，主管只有一个热点——四处为员工找电话名单，似乎这就是生存的唯一途径了。一些员工因为能力问题或公司考核机制等原因，在提升客户量上找不到方法，也没兴趣，更不要说开动脑筋拓展渠道了。拿到主管给的电话名单，心不甘情不愿地拨上两通。被拒绝后，就干脆走出去抽根烟，和小伙伴们抱怨一下公司，这就是不少人的生活状态。结果做了好几年销售，除了学到点产品的皮毛和打电话的技巧，对于渠道的拓展与经营全无心得。

打通渠道这活儿，你不能太指望你的队员，他们是 RM（Relationship Manager），他们主要研究的是如何把客户关系搞好。而“通路”的建立通常是 BTB（公司对公司）的过程，是两个机构基于目标客户的相似性，与共同做大市场的美好愿望，所产生的合作。因此，拓展渠道的责任，主管责无旁贷。

选择渠道的过程实际是在找合作方，或是合伙人。当我们了解到客户的某项需求，是可以通过整合 2 家或多家公司共同提供，并且这些服务构成了一个有先后顺序的“一条龙”链条时，**我们需要做的，就是努力成为这根链条中的一环。借助其他“环”（即合作方）的“吸客”能力，拓展自己的客源**。

比如你想把孩子送出国留学，你需要先去留学中介。他们会像保姆般协助你准备好各项资料，完成申请流程，一套下来为你节省了不少时间。但这还不够，到了你申请签证这步，你需要开张存款证明，这事中介就办不了。于是，他们的顾问会向你推荐某某银行，建议你去那儿办。如果你不想去那家银行，问可否去另一家银行时，他马上威胁你说：“你去其他银行可以，但不能保证签证一定办得出哦。”这话一出，你十有八九会去他推荐的那家银行。其实大多数银行的存款证明领馆都认的，但他们不会推荐，为啥？没合作嘛！客户其实对接下来去哪家银行并不介意，只要把事办了就行，条件不太过分都可以接受。因此，链条上的第二环，就在这样的背景下自然启动了，因为中介的一句话，银行的生意就来了。对于银行而言，留学中介就是渠道。

值得注意的是，对于链条上的每一环而言，离开这条链条，其实都可以独立运转。比如银行，离开了留学这条管道，其实是一个独立的系统，有大量别的服务可以提供。换句话说，银行并不寄生于留学这根链条。因此，一个更有挑战性的课题出现了：如何把与渠道合作批量所获得的准客户，真正转化为自身生态系统的一部分？也就是在上例中，当客户在完成了链条中那必不可少的一环后（开存款证明），依然可以与银行保持长期的关系，从而真正成为有效客户，并逐渐将这种关系的价值“变现”。

这就像我们积累人脉，什么方式最快？当然是参加社交活动，将俱乐部或是沙龙等聚会变成我们的渠道。一次聚会后，出于初次见面的礼貌，我们可以得到许多名片，这是渠道带给我们的批量效应。但如果我们结束这次活动后，没有及时经营联络，根本无法将这些名片变成自己的人脉。现代人的表面功夫越来越精湛，很容易给人一种内心热情的假象。千万不要天真地认为见了一两次面，对方就已经把你当朋友了。信任是需要时间和共同的经历，如果自己没能趁热打铁，缺少进一步的想法和及时的行动，你们虽表面热络，其实仍是陌生人，也就浪费了第一次的见面时间。

近年来，随着电子商务的发展，OTO(Online To Offline)模式似乎为这个问题给出了一个不错的参考。为什么OTO能快速获取客户，并能提供不错的客户体验呢？其奥妙之处在于这两个“O”。第一个“O”解决了批量获取客源的问题，“线上”本身就是一种渠道，载体十分多样。比如微信的公众号，可以主动地向关注他的客户进行产品信息的推送。借助互联网这个渠道的便利，通过转发和朋友圈分享，尽量广泛地接触基础客户，并进一步使其转化成关注者。随着粉丝的增加，第二个“O”的马达随之启动，将那些可能因为线上的一次抽奖活动，而冲动消费过的客户管理起来，融入到自己的实体店体系。透过深入的线下服务，寻找出客户第二次消费的理由，把基础客户“做实”。

在此，请大家再回忆一下那个“虹吸效应”的游戏。基础客户的拓展与渠道管理的秘密，其实就藏在这个游戏中：一是分析确定适合你的那个位置较高的水源，也就是定位你的客户群。二是拼命地找管子，越多的管子代表通往客源的越多渠道，使客户积累越发迅速。同时，淘汰那些质量不好的管子，将结实的管子进一步升级加粗。因为维护渠道是有成本的，我们要集中精力深挖产量较多的渠道。三是要留意下方的蓄水盆，并时时加固。否则，那些通过精心设计的管道，千辛万苦才进入到盆中的水，就从漏洞中白白流走了。“隔夜游客”的频现，大多源于那些出现裂纹的蓄水盆。

第二节　与机器赛跑——网络时代的营销

不知从哪天起，我们开始经历着这样的事：临近午夜 12 点，仍没有勇气结束这一天，手指在手机触摸屏上漫无目的地乱画着，一次次刷新着微博或微信“朋友圈”，反复检查着是否有新的评论，就是不肯关灯睡觉。次日闹钟一响，从被窝中伸出一只手一阵乱摸，挣扎着关掉铃声。然后眯着一只眼睛，习惯性地打开微信，点几条“赞”，就像洗脸刷牙一般自然。在这套组合动作结束后，才慢慢坐起来，伸上几个懒腰，睡眼朦胧地走向洗手间。

到了办公室，首先打开的是 Outlook 或 Lotus(一个邮件系统)，回回邮件，心里已经开始酝酿起午饭找谁吃，去哪儿吃的问题了。趁老板不在时，马上点开“淘宝”，争分夺秒下几个单子。现在各公司的前台，主要任务不就是收淘宝的快递吗！在这样一个互联网快速发展的时代里，无论你是否承认，科技的进步都正以惊人的速度，不断刷新着人类的想象力，并悄悄地颠覆着我们的生活习惯。

“节点”数所带来的吸附效应

互联网时代的价值特征，被一位美国人梅特卡夫率先发现，他的描述是：一个网络的价值，等于该网络内节点数的平方。什么意思呢？打个比方，假设一个圈子中有 2 个人，此时它的价值用 4 来计算。那么当人数增加

1 位，达到 3 个人时，圈子中的价值不是 6，而是达到惊人的 9。换句话说，每个人的价值，都因为和你发生联系的人数增加，而呈几何级数地变大。这个堪比摩尔定律的重大发现，揭开出了互联网时代的本质秘密。在你的客户群中，每增加一个客户，你的收益都可能成倍增加。反之，随着一位客户的流失，对你的不利影响可能会被加速放大。

这让我想起了一本书《超级人脉》，作者是美国著名的战略咨询专家理查德·科克。由于我公司靠近陆家嘴的正大广场，一天中午去那里的“大众书局”溜达，一眼就看到了这本书。用了约 1 个小时，基本翻了一遍。它不像有的书给你罗列一堆接人待物的技巧，而是提出了一条令人耳目一新的人脉观点：作者认为，拓展人脉的思路，不再是要花大量时间去维系几个哥们儿或闺蜜。而是要走出这些“强联系”的束缚，转而留点时间给那些可能没见过几次面，但也还算脸熟的人。通过研究，作者惊讶地发现：**一个人一生中绝大多数机会，其实并不来自那些可以称兄道弟的人。相反，却大量来自并不太熟的一些“弱联系”**。这个现象的原因，其实还可以追溯到梅特卡夫定律。过于强调少数“节点”的质量，而忽视“节点”数量的思维，或许不再适合网络时代。

基于这个发现，我们一时卖不出去东西还用焦虑吗？根本不用，只要你能编织出“节点”足够丰富的客户网络，想业绩不好都难。

一个典型的例子是小米手机，在创业之初，虽然创始人雷军在行业内影响力较大，但又如何，你是创业公司，造的手机是山寨机，连你想买液晶屏，人家都不卖给你。后来，恰逢日本地震，雷军抓住时机去了日本一趟，拉了当时几乎没订单的夏普一把。夏普一感动，才决定把高端液晶屏卖给小米，这成为小米“节点”积累的重要转折点。结果到去年底，这家公司从 2011 年起步的公司，规模已达 100 亿。100 亿什么概念？在传统工业社会，怎么也要积累十年二十年。但现如今，在“节点”问题突破后，人家一两年就做成了。难怪郭台铭后来为错失投资机会，而捶胸顿足地说：“我唯一错判的机会就是小米。”你看，一旦积累到位，旗帜就地一树，大规模吸附效应就立刻产生了。现在你再去看看，人家发布一个新款，你都得凭票预约才能进场购买。

如果说过去的传统社会是一座金字塔，那么互联网社会就是一根狼牙棒，一个大圆球上有无数的尖刺，找一个地方长出来你就是好样的！我们不再需要举个喇叭，在40度的大热天里，穿个西服满世界大喊我们的产品有多好。我们更需要朋友，需要那些如同节点般的“弱联系”。东方不亮西方亮，终有一天，你会感受客户多到你需要筛选的快感。

培养营销中的“不确定性思维”

在《不可思议的年代》这本书中，作者库珀提出了一个震惊的观点：在互联网时代，所有事情将变得不可预测。这好像有悖于人类文明发展的基本规律。我们努力工作，发展科技，不正是为了追求事事可以预测吗？各种经验的积累，安全感的提升，也正是以此为标准的。这么一说，无数代的探索不都白费了吗？幸福的根基，在看完这本书的一瞬间摇摇欲坠了。

书里记载了一个著名的沙堆问题。我们知道，当你把沙子一粒粒快速向下滴，很快就会出现一个圆锥形，并且顶端越来越高。然而随着上面沙子的不断注入，总有一刻，整个沙堆将在最后一粒沙子进入后，而整体崩塌。这时问题来了，什么时候这个沙堆会崩塌，可以预见吗？通过计算机可以算出来吗？

这个问题被提出后，引起了广泛讨论。后来科学家为此专门做了一个实验，结果失望地发现：在沙堆达到一定高度后，再往上走，每增加一粒沙，发生崩塌的可能性都一样。为什么呢？实验者研究后提出了一个数字：每下来一颗新沙后，原来沙堆内部结构的整个方程复杂程度，每一秒钟，提升100万倍。你说这还能预测吗？恐怕银河N号超级计算机，也根本无法计算这种复杂性。

如果是这样，我们唯一可以预言的，就是这个世界将再无预言家。如果你不信，那么让时光倒流三年，请你替红十字会把郭美美给预测出来，同时进行这场危机的管理，你做得到吗？虽然到今天，都没有确凿证据证明她与红会有实际的关系，但这又怎样，通过网络这样的复杂系统放大后，可以在一夜间，令整个红十字会名誉扫地，到今天都没能完全恢复元气。

那么，这种不确定性对营销而言，究竟是好还是不好呢？又如何为我们所用呢？名嘴罗振宇提出过一个观点：以不确定性对不确定性。**用在销售上，我想来想去，总结出了8个字："自由搏击，顺杆就爬。"**

啥叫"自由搏击"？就是不要再总想着那些花拳绣腿的固定招式了，所谓"乱拳打死老师傅"中的"乱"字，才是我们要去用心领会的。不要以为你想"乱"就能"乱"得起来。乱是一种好像有点章法，又似乎没啥套路的微妙状态。客户脑中的念头和决策，会受到各种我们意想不到的因素影响：可能是一次家长会，朋友递过来的一块甜点，甚至是手机电池的电量。而我们能做的，就是从不同角度进行尝试。这就像体彩开奖，一堆乒乓球跟着轮子转，总有一颗会从那个小孔中挤出来，虽然事前我们是无法预测的。

自由搏击就要求我们要有"试错精神"。工作久了的人可能不理解，一直追求的明明是"不出错"，怎么能没事找事地去"试错"呢？要想独树一帜，脑中还真不能总受制于四平八稳这根弦。央视的王利芬就是一个例子，做了收视率极高的《赢在中国》后，毅然抛弃了铁饭碗，创办了"优米网"，跑到自媒体领域来"试错"。结果一开始，果然错了：她建立一个CTC平台，在上面由网友付费进行经验与智慧的交换。可我国的网民早已习惯了免费，因此并不买账，这次尝试失败了。但没关系，试错嘛！后来她又尝试了很多新的模式，比如在线拍卖名人时间，制作网络节目……现如今，她的优米网已经做得有声有色，不少风投向她抛出了橄榄枝。

营销也一样，顶尖销售的独门秘籍都是在外面死命磨鞋底，不知搞错了多少次营销对象，挨了多少口水后，忽然领悟到的。你去看电视剧《亮剑》中的李云龙，人家水平高就高在每次打仗时，吹响冲锋号的火候总把握得那么准确。**你去问他，应该在什么时候喊“兄弟们，冲啊”，他恐怕也说不清楚，但就是能做得恰到好处，这正所谓“运用之妙，存乎一心”**。难道他第一天指挥打仗，就能如此通灵？还不是从一次次喊错时间点的失败中学来的！

“顺杆爬”在我们的观念中，好像从来就不是一个褒义词。但在这样一个充满不确定性的环境里，如果出现了“杆”这样一个支点，就是偶然中的必然。就像我们营销成功了一个客户，你说是必然的吗？我看未必，这可能是多次试错后，无数因素作用下的一个偶然结果。我们务实的选择，是赶紧顺着这杆，挖掘出这个客户背后更多的信息，从而，去获取探索与博弈更多不确定性的机会。

在这个互联网与智能机器裂变式崛起的年代，特别对于我们这些推动商品或资本流通的人而言，所处的商业环境充满了不确定性。如果我们不能与时俱进地改变我们的思维，通过一套“自由搏击，顺杆就爬”的应变术来提高我们的营销效率。那么，无论你的学历有多高，除了蓝领外，最终被这股浪潮所替代和吞没的，可能就是我们了。

第三节　流水线上的神秘故障——营销活动

营销活动，几乎是我在讲课时最常谈及的话题。和许多“文官”出身的主管不同，我以销售员的身份参加的活动就不下 100 场。因此，有许多切身体会，想与大家分享。

针对这个主题，我做了不少调研，问过很多前线的员工和主管的看法。有趣的是，在这个问题上，主管和员工近乎一致地认为，营销活动意义不大。当我进一步追问说：“那么不搞活动，你们是通过其他什么方法获取新客户的呢？”片刻沉思后，不少人回答说：“靠现有客户介绍。”再一看他的现有客户，一共也就 20 来个人，你靠他们怎么介绍？

这种现象很普遍，但留下了许多疑点：首先，为什么他们觉得营销活动意义不大？因为活动组织得不好，还是另有原因？其次，为什么在这个问题上，主管和员工的看法比较一致？是缺少营销费用，还是人云亦云的惯性思维？再有，说靠现有客户转介，你有几个客户愿意帮你转介？考虑到一定的爽约率，即使每月都帮你介绍，这些量是否足够你完成指标？为了解决这些疑点，我们不妨先来看一个案例。

守株待兔还是主动出击?

大约在2006年秋天，上海展览中心举行了规模浩大的“旅游展”，吸引了几百家旅行社以及数以万计的旅游爱好者前来参加。我当时所服务的银行在现场有一个展台，用以宣传账户服务与理财产品。

那天，银行派了3名同事到现场进行营销，结果其中2名员工把资料和名片放在展台上，自己靠在展台后聊天，心安理得地做起了“老中医”，守株待兔般等着客户主动上前咨询。结果一天下来，每人仅拿到了1位客户的联系方式，还都是来打听洗手间怎么走的人。而另一名员工从早上一去就没闲着，资料名片随身携带，并在以他们展台为圆心、半径10米的区域内来回移动，眼睛迅速打量着每一个走过路过的人。与感觉有潜力的客户频繁地自我介绍，并主动交换名片。甚至在与一位客户交谈时，余光可以扫到其他人，并能将这些人聚拢起来。

次日，主管向这3位同事了解活动的情况，结果，回答迥异。前2位同事不约而同地说：“活动无聊，主题与银行客户不太对口。展台位置不好，客流量小，下次咱们别办这类活动了。”另一位说：“还不错，虽然很累，但拿到了40多位潜在客户的联系方式。”此时，主管可能产生两种想法：①活动搞得可能确实一般，只是这位员工太拔尖，应该表扬一下。②如此悬殊的结果，一定有更大秘密在其中，要从那2位只获取了一名潜在客户的员工身上找原因。但我遗憾地发现，大多数主管的意识水平，其实都停留在第一种想法上。

这让我想起了20世纪90年代，几十个中日小伙伴参加的那一次在内蒙古举行的国际探险夏令营。主办方希望让孩子们凭借指南针和地图，负重在草原上行进，来锻炼他们的韧性和野外生存能力。同样的年龄，同样的行程，结果闭营时，当领队问孩子们“草原美不美？你们下次还来不来”时，所有日本小孩异口同声地吼道：“美！下次还要来！”而这吼声，彻底震撼了在场的中国小孩。他们早在活动结束前，就纷纷叫着想回家。更有他们的爷爷奶奶不放心，全程守护，生怕累着这些“小祖宗”。结果，就有中国的家长抱怨活动组织不力。他们身边的朋友，多少也会受点影响，你一言我一语地去挑活动的不好。与此形成强烈反差的是，日本家长不断地给领队鞠躬，打听下次组团的时间，希望再来。我想问：和营销活动一样，这究竟是活动本身的问题，还是我们自己有问题？

旅游展的故事还没结束，那位拿了40多位潜在客户的员工，在活动结束后的第一周，就成功地将其中2人转化成了贵宾客户。之后的两三周，又陆续促成了3位一开始有些犹豫的客户。而这个人，其实就是我。

你们看，完全一样的场合与客观条件，不同的销售，效果竟有天壤之别。现在，你还敢说营销活动没用吗？**除了垄断性的捆绑销售外，还有什么方法，可以如此迅速地仅用4个小时，就发展出5位贵宾客户呢？**并且，与捆绑销售不同的是，前者对你没感情，不得已而为之，忠诚度偏低。而这种通过活动和后续交流，从陌生到熟悉，再到决定用你服务的方式，极好地筛选了客户，降低了后续服务的成本。

这场活动，行长始终未出现在现场。不过，就算出现，也未必能观察出其中的问题。很多主管自己做销售时，就不太会借助活动获取客户，缺少对营销活动的理解与信心。不小心当了领导后，更少关注活动，偶尔去趟现场，也找不准“看点”。他们在意的，往往是有客户在咨询时，员工的态度和答复的完整性等细枝末节。而活动中，特别是新客户拓展类活动里最关键的部分：获取客户联系方式的意识与技能，却始终少有人关注。而这，才是渠道流水线作业中，最隐秘却最容易出现故障的一个环节。

因为不懂，又懒得去探究，所以不做活动。而越不做，就越不懂，这形成了一个恶性循环。甚至有时我问主管："为什么不搞活动？"他们第一反应是要花钱，而且觉得效果难料。谁说一定要花钱了？就看你想不想做以及会不会做。我组织过的所有活动中，80%以上都是零成本或低成本的。

活动谋划——"善假于物也"

资源，不是用来消费，而是用来整合的。搞活动目的是什么？拓展新客户。我不否认有些活动是回馈老客户的，把他们伺候好了，人家也乐意帮我们推荐新客户。谁有新客户？渠道！那么问题就简单了，联合几个品牌定位相似的渠道一起搞活动。有钱的出钱，有场地的出场地，有客户的出客户，这台戏就有得唱了。

通常，我们可以找那些迫切需要推广品牌的公司合作，因为他们对费用的敏感度相对较低，本身就有这方面预算，所以，钱的部分就能基本搞定了。有场地的一方，最好自身也经营零售客户，即非专营场地的公司。你能出一部分客户，他就已经高兴得不得了了，搞不好一激动，场地费也帮你免了。那么，节省下来的钱，可用来买礼品或宣传造势，吸引更多的客户。

还有一些准备过程中的细节容易被忽视。比如流程的设计里，是否考虑到留足够的时间，供销售员与潜在客户交流。一些"高端大气上档次"的体验式活动，比如品酒会、名车试驾等，情况会好一些。氛围本来就相对休闲放松，客户走走停停，有很多机会可以与之搭讪。而论坛、沙龙等形式的活动设计，需要特别留意，不要客户一签到便直接进场听课，一结束便驱车离开，根本没有间隙供员工与之交谈。

在一些特定兴趣领域的活动中，"知识准备"非常的迫切。比如名表、高尔夫、游艇这类活动，如果你懂一点相关知识，哪怕是活动头一天晚上用百度恶补一个小时，都能派上大用场。在这种场合，客户是来放松的，是你建立基于爱好的私交，拉近彼此距离难得的好机会，除了平时聊的那点儿专业外，多了很多找到共同语言的机会。**客户真正喜欢的，是那些和他们呆在一起感到有趣的人**。比如当你的高尔夫技术，达到 90 杆左右的水平，就会有客户主动约你下场打球了，这离支持你的业务还远吗？

活动前，还必须强调一点——“目标准备”，这其实是下一章的目标管理中要重点讨论的问题。我发现绝大多数员工没有这个习惯，你问他去参加活动有啥计划，他说去接触潜在客户。显然，他没明白你的用意。于是，你又引导了一下，问他准备拿几个潜在客户联系方式时，他认真地告诉你“越多越好”。废话，谁不知道越多越好，但这代表是多少呢？是否可以给一个量化的数，是 20 个？还是 21 个？

有人可能会问：这很重要吗？我要负责任地说，真的很重要！重要性甚至超过了营销技巧。对于活动效果，这几乎能起到决定性的作用。**我之所以在每次活动中，几乎都能拿到 40 个以上的联系方式，就是因为出发前，我会在心里给自己下了一个目标——不完成到这个数不回家**。这就倒逼我想办法，技巧也自然在这种压力下得到了提高，并且熟能生巧，一次比一次做得更好。

有了目标，你便知道要带多少名片和资料才够用。准备工作从来都是一环套一环，彼此相关的。假设你目标是获取 30 位客户联系方式，那你起码要准备 60 张以上的名片，总有客户在收到你名片和资料后，仍不愿意留联系方式，所以要留一个余量。经常有人随便拿上 10 来张名片就去参加活动了，你一看就应该知道，这家伙根本就是来混的。

活动进行时——精准对焦适合出镜者

上文中，我一直提到的是客户的“联系方式”，而不是更深入的其他信息，为什么？因为时间太宝贵了！更多的 KYC(Know Your Customer)大可留在下次见面时进行。指望在第一次见面就获得某种承诺,往往是徒劳的。急功近利下的过多啰嗦,不仅容易失去你面前这位客户的信任,更可怕的是错失了大批从你身边走过路过的其他潜在客户。销售员的优秀与否,就体现在是否能快速拿到客户的联系方式,并达成下一次见面的意向。

活动进行时,主管最需要观察的,就是员工的状态是否能够支撑其达到获取的目标数,而这首先体现在眼神与脚步上。Top Sales 的眼睛总是那样的有神,脚步移动迅速。头部就像一部高精度的数码单反相机,通过半按快门,自动调整光圈与快门速度,不断地完成不同拍摄主体的对焦与成像,在来往的人群中,快速地与目标客户建立起联系。而目标模糊、行为懒散的普通员工,则像一台要放富士胶卷的老式傻瓜相机:焦距半天对不准,好不容易找准后,还担心"照糊了"没法删除。于是,只好学姜太公钓鱼,等某人有那闲情雅致,停下来陪你聊上个把钟头,再配合你摆个 Pose,才能勉强成像。同样时间里,收到相机中的"风景"谁多谁少?就一目了然了。

稍有空闲,我们马上要把这些"照片"导出来,编上号,每张下面再写个简短的描述,以留下线索。这样,过两天你拿起电话,邀请客户见面时,能回忆出活动中你们短暂交流的情景。哪怕记下客户的一个特征,或说过的一句话,都十分有助于拉近你们的关系,让他感觉你还挺像那么回事的。笔是一定要随身携带的,在客户转身准备离开时,立即在他的名片或其他写有他联系方式的地方,用 5～10 秒钟做个标注。

活动结束的那一刻,对于员工而言,能取得交谈并留下联系方式的客户已成定局。我们可以设法从合作方一端,争取得到他们邀请来的客户名单(要事先谈好)。并将这些资源,奖励给活动中表现更积极的员工。

所有的可能目标客户,在 2 个工作日内应全部联络一遍。一方面,感谢他们参加了这次活动;另一方面,把握时机,和他们约下一次的见面时间。如果多次邀约未果,基本可以断定,他不是你的目标客户。当然,这一切的前提,是你的邀约技巧没有问题。

有舍才有得——活动结束的后续跟进

有关跟进客户这点，我展开说两句，因为有人其实并不认同。

我曾和家人在杭州河坊街闲逛，去过一家卖玉的店面。3年过去了，就因为当时留下一个电话，每到节假日，都能收到一位销售员的短信或电话，虽然我从没买过，也没再去过那家店。能看得出，他们的员工受过培训，一直抱着永不放弃的信念。这种精神值得赞颂，而他们却似乎忽视了对“目标客户”理解。或许10个与我类似的人中，有一个最终开窍了，但如果把这些时间花在更有需求的人身上，局面将大有不同。

你可能会问：我怎么判断客户究竟有没有需求？也许他现在没需求，但不代表他以后没需求。不是一直说，我们是可以把任何产品卖给任何人的吗？没错，我从未建议应轻易放弃一个客户，而这里要强调的，是为了提高效率，做适当取舍的问题。

有时，客户自己都搞不清楚自己的需求，这就需要我们的引导与挖掘。而这个过程，如果仅靠发几条欲言又止的短信，或以“广播”的形式隔空喊话，是没有客户愿意买账的。客户到底有没有需求，不是这种腼腆的试探可以了解的。

通常，客户如果不是“刚需”，往往会像个害羞的女孩子。这时，我们要主动一点，敏感地把握一些“需求信号”。比如，听上去显得话不多，但有犹豫，这是极好的现象，说明他在权衡。而且，一定因为你碰触到了他的某种需求，不然有啥好犹豫的？只是还有顾虑，没完全告诉你而已。可能是价格，也可能是别的。这种情况下，只要你多提问，帮他把顾虑挤出来，基本就成功了。

另一种情况是他像“十万个为什么”一样，对你的产品附上一堆问题，看似各种不满意。此时，请千万不要觉得烦，这也是个好兆头。我们只要做到够耐心，一条条解答清楚，很可能就拿下了。

还有一种是强烈抵触型客户，多半可能是过去受过伤，心里有阴影。这种人偏感性，主意来得快去得快，反倒可以加以利用。**假如能争取见个面，和他谈谈理想，聊聊人生，搞不好他一激动，你还是有机会化敌为友的**。

最可怕难缠的，就是那种表面不冷不热，内心十分固执坚定的人。除非你有坚定的预期和足够的时间，否则，在他身上花太多时间，投入产出比过低，到头来会把你拖得精疲力竭。

我的建议是：有舍才有得，林子这么大，该放手时就放手吧。

第四章　管理中游
——深挖“沉默中的中位数”

第一章中，我们讲了那么久的KPI，不知大家是否发现了游戏规则中存在的一个悖论：任何一套考评体系，对首尾两类人的影响最大，而对于大量处于中游水平的人，效果总是会大打折扣。

比如在销售队伍中，Top Sales受个性与能力的影响，对规则研究得特别清楚。因此，始终能抢到晋升的机会，拿到最多的提成，得到最多的小红花。考核中所有激励的部分，似乎就只为他们而设计。而业绩垫底的员工，也始终占据着考核里的淘汰名额，如秋后的蚂蚱，是混不了多久的。唯独中间这部分人，就算你规则设计得如台风般猛烈，到了他们这儿，总能转成热带风暴，给你来个软着陆，下几滴雨，完事儿了。

那么问题来了：对于几乎所有企业，我们如何在这个两头细中间粗的人才结构中，找到管理中游这个最大员工群体的方法呢？

第一节　从“找中位数”到提高“目标能力”

在企业的业绩管理中，有一个现象极其常见，在向老板展示的各种报表中，我们大量使用了“平均数”这一概念。这一习惯，其实一直在给我们呈现着虚假的繁华。在分析团队业绩规模时，尚可以参考，而对于判断是否要提高产能，以及提高谁的产能等问题时，用平均数几乎毫无意义。

比如一个 10 人的团队，假设每人每月指标为 1 万元利润。当报表出来时，我们发现，人均已经接近 1.1 万元了，超过指标了，你应该高兴吧？可是我们仔细一瞅，却失望地发现：原来这 10 个人中的 9 个人当月只做了 1 000 元，而有 1 个 Top Sales 当月做了 10 万元，从而大幅拉升了平均数。原来是这样！

如此脆弱的业绩基础，是否令人堪忧呢？你说不会，反正总量搞定了可以交差了。那你是否想过：万一 Top Sales 那个月身体不好、心情不好、状态不好怎么办？万一这哥们没经得住诱惑跳槽了怎么办？在其他那 9 个人业绩提升前，你始终不会有真正的安全感。

再比如：一个屋子中，有 5 个来自“北上广”的小白领，大家平均年收入 10 万元。这时，马云推门进来了，顿时，这个屋子的人均年收入得到了极大提高。但这样的提高，对于那 5 个小伙伴而言，有关系吗？马总又不会拿出自己的钱，平白无故地分给你，你还是你！所以，判断一个群体的业绩能力，不是通过一个算术平均数就可以解决的。否则，让那几个年收入不到 10 万元的人情何以堪呢！那么，如何破局？

绕不开的“中位数”

“中位数”法似乎可以比较好地解决这个问题。以这 5 个白领为例，收入有高低之分。中位数就指向了按每人收入升序或降序排列后，排名第3位那人的年收入，比如是8万元。有了这个数，我们就不担心因为个别明星，而对平均数所造成的严重偏离实际的影响。因为我们只关心排中间的那位，他的收入有没有实质性的改善。如果连他都明显提高了，我们便有理由相信，队伍的战斗力确实增强了。

这对我们的管理提出了非同寻常的挑战：我们不能再自欺欺人地去相信那些所谓的提升的虚话，借助机会主义的不确定性，去等待或制造一个可以欺上瞒下的机会。而在这样一种审视业绩的框架里，我们的目标变成提高"中位数"，从而去确定每个人的营销水平是否得到了循序渐进的改善。这会给我们的管理行为带来一个显著的变化：不再过度依赖于乔丹式的巨星，而将目光投向那些长期潜伏在队伍中的普通球员。这些人平时训练无精打采，临到上场比赛时，要么仓促出手，百投不进；要么跟着跑龙套，给队友传传球。心想反正有大牌，比赛如果失利与我何干。

追求"中位数"的精细化管理思想，就是要找出泳池中的裸泳者。凭什么你就可以总是不温不火，心安理得等待着 Top Sales 帮你填窟窿呢？

可能你要说，很多大公司都是这样。你看人家 Google，其实只有大约10%的人在做他们真正盈利的广告业务。剩下90%的人好像都不务正业，在做什么"谷歌眼镜、电视棒"等尚未盈利的业务，不是也过得好好的吗？但你不要忘记，素有"创新风向标"之称的 Google 是一家互联网公司。为了跑赢摩尔定律，他们早已在构建行业生态系统这个层面上排兵布阵了。同时，这家公司的现金流极其充沛，完全有能力"抬头看路"。更重要的是，你也不是那90%！因为对于大多数企业而言，还处于增加现金流的阶段，把产品卖好这件事，来得迫切得多。

找准了"中位数"这个提升的标准，接下来我们很自然地会想到：在管理的过程中，我们应将这个标准如何落地呢？在本章中，我们先聊聊其中的第一点：提高目标能力。

“环境意志”与自我诉求

有人可能会问:定目标还用说,这是传统,我们天生就会。我们从小不就在接受各种“目标主义”的教育吗?比如高考临近,老师在讲台上振臂一呼:“以后6:30早自习,为科科90分以上的高分而冲刺。”这不就是目标吗。大学毕业前,辅导员慷慨激昂道:“大家要尽快签下三方协议,我校的就业率要达到95%以上。”这不也是目标吗?

最有意思的是我一次出差时,和一位业绩落后的销售员之间的对话。我问他:“你目标是做多少啊?”没想到他十分诧异地看了看我后,惊奇地反问道:“目标不是你们总行下的吗?”

我立刻纠正道:“我们下的是指标,不是目标。”结果,他说了一句可能代表很多人想法的话:“这两者间有什么区别吗?”从这个回答,我们至少可以读出2条信息:第一,他分不清什么叫“环境意志”和自我要求;第二,他不是一个目的导向性的人。

回想一下那位中学老师提到的冲刺与考90分,你听完会作何感想?这取决于你是哪个梯队的人:如果是立志当状元榜眼探花的孩子们,心里会笑着说:如果只考90分,我就一头撞死。而若是那些平时成绩中下的,就会暗暗盘算:如果每科都能拿到85分,就是一个不错进步了。你看,这种心理活动,就是将指标转化为自身目标的具体过程。

指标反映的是一种“环境意志”,也就是组织给出的一种整体期待,从根本上讲是别人的事。而目标则是自己的事,是一种心理的判断和决定,任何一个人都会有。你千万不要小看它,因为你之后所有行为的产生,都是由这颗种子发展而来的。它产生的逻辑是这样的:**每当你置身于一种环境中时,你会根据以往经验,选择一个自己的“舒适度”。每个舒适度都对应着不同的定位,而定位又反映出了你的价值观。**

比如有的人拿不到第一就难受,坐立不安,心神不宁,你问他为啥,他也说不清楚。而有的人却不以为意，拿到第一又如何？位于中上游就挺好，这是他最佳的“舒适度”。而那些业绩低于中位数的员工，他们觉得最舒适的状态，就是每月拿钱，又没人来管，虽拿不到提成，却也乐得没压力。但作为主管，你的“舒适度”就因此下降了，因为这和你提高单兵作战水平的目标不一致。

最近看到一则笑话，它描绘了大家上高中时，经常可能出现的一个令人啼笑皆非的情景：拿到一道题，不管三七二十一，先无比爽快地写上一个“解”字，而且越看越觉得自己这个字写得漂亮。然而读完题后，却无比懊恼地删掉那个令人爽快的“解”字，重新写上“证明”二字。搞笑之余仔细一想，这又何尝不是对现代教育的一种讽刺呢。

如这些学生一样，**我们每个人都像一节车厢，被各种“环境意志”的火车头拖着莫名其妙地乱跑，却始终搞不清自己的速度与方向**。如果说这是“环境意志”本身的错，不如怪我们是一节自身没有动力的传统车厢，有人拉着跑已经很幸运了。什么时候，当我们将每节车厢变成可以自发产生动力的“动车组”，离团队业绩的爆发，也就不远了。

“绿皮车”升级“动车组”

在目标管理中，主管的使命，就是研究如何把传统“绿皮车”升级为“动车组”。车厢自己有动的本事了，车头才能从玩命拖的过程中解放出来，集中精力更好地去判断前进的方向。那么大家想想，车厢为什么自己能动呢？

因为它想通了，必须下一个决心，如果自己不会动，跟不上其他车厢的节奏，将会在出厂时就被检验为不合格而淘汰出局。在这一升级的过程中，那些中位数以下的人，将成为你最大的阻挠。因为你不得不触及他们的根本利益——被扭曲的“舒适度”。他们从来没想过要给自己下什么决心，跟着走不是挺好吗，干嘛自己一定要动呢？

然而，现在外部竞争环境，已经由不得他了。就像铁轨已经被重新铺过，绿皮车在上面根本没法再跑，到了必须要换动车的时候了。老车厢们肯定不高兴，干了这么久，说不让我们干就不干了？于是集体上访，要讨个说法。可还有什么好争辩呢？道理很简单，新轨容不了旧车，有翻车的危险。无奈，谁让自己跑得慢呢。而这速度的根源，就在于你没进化出这个“动力系统”。

动力系统是什么？发动机。发动机为什么重要？因为有了这个东西，我们大大弥补了肉身的限制，可以快速到达想去的地方。在销售员身上，这种可以帮助他孜孜不倦地创造利润，快速达成指标的神器，就是目标本身。

目标这东西其实特别强大。看过《秘密》这本书的同学，应该对“给宇宙发射信号”这件事儿有点记忆吧。这本书不厚，又是译著，却十分畅销，每次我讲课时，都不忘推荐一下。其实，该书通篇都在论述四个字——心想事成。只要你心里形成一个明确、强烈且持久的期盼，便能向宇宙发出一段“脉冲”。随后，宇宙一定会在恰当的时候，给你一个回馈。

可信吗？让我们先来看看真实生活。很多时候，一件事不成，是因为“心不够迫切”，没有给自己一个明确的决心。比如，我们常和朋友电话中约“找机会碰头吃饭”。结果一年过去了也没见，都说太忙。可笑，你真有那么忙吗？人家总统忙不忙？不一样有时间吃饭、旅游、谈恋爱。不就一顿饭嘛！如果心诚，大家说好哪周吃，是上半周吃还是下半周吃，是中午吃还是晚上吃，当这些具体问题稍微一商量，其他事情自然会为这件事让路，哪儿有没时间吃的道理。

再比如减肥这件事。身边每天喊着减肥的人，体重没继续增加就不错了。为啥？控制不住自己，一看到牛排鸡柳就心里痒痒，平时又不锻炼。还有安慰自己的，说吃饱了是为了更好地减肥。根本问题就在于没有一个体重减多少斤的具体目标，而是比较笼统的——希望自己看上去瘦点就行了。

前阵子去西安出差，遇到分行的一位身材标准、举止儒雅的帅哥。吃饭时，大家聊到了体重的话题，他让我们猜他原来多重。公布答案时，着实令我吃了一惊，240斤。可现在完全看不出，我问他是怎么做到的？他回答得很励志："如果一个人连减肥都减不下来，他还能干啥？根本就没有想减而减不下来这回事儿。"他曾经也一直为肥胖而懊恼，于是和许多人一样，开始抱怨自己基因天生就是这样。直到后来碰上了现在的太太，为了她下了很大的决心。当他下了这种决心时，改变就奇迹般地发生了。至于用饥饿运动疗法，还是用只吃肉的逆向疗法，你觉得还重要吗？只要能达到这一结果，他们将不惜任何手段。

这让我想起了一个故事：一位年轻人问年长的智者：我该怎样才能成功？这位智者让他第二天凌晨到海边碰头。第二天，这位年轻人西装革履出现在海滩上，智者让他往海里走。他觉得有些奇怪，但也试着走向了海里。当海水已经没过他小腿时，智者问他是否想成功，当得到他肯定回答后，智者要求他继续往海里走。就这样，海水渐渐淹过了他的腰，但智者让他不要停，继续往前走。他心里想，这老家伙一定是疯了。当海水已接近胸口时，他忽然发现，智者已来到他身边。没想到的是，智者将他的头一把按进水里。他心里想完了，这是要谋杀我，却无力抵抗。片刻后，他被拎起来，刚吸了口气，又被按回到水中。一分钟后，又被拎起来，然后立刻再按下，如此反复了几十次。当他奄奄一息时，智者松开了他，将他拉回到岸上。过了一会儿，他缓过神来，愤怒地指责智者是骗子，根本没教他成功的方法。**智者微笑地看着他说：你还记得自己刚才快被淹死时的感觉吗？你要永远记住这种感觉，这种你什么都可以不要，唯一需要空气的感觉。当你对成功的渴望达到你对呼吸的渴望时，你就会找到成功的钥匙了。**

没目标或目标不坚定的人，永远不会承认他不想成功。但他对成功的渴望，也许比不过看一期《快乐大本营》，比不上看一场NBA季后赛，甚至比不上睡个懒觉。那么，你我又怎么敢期待他能达成一个在他心里必须要成功的"念头"呢？

努力的行为是表象，背后的动力来自于一个坚定的、可量化的目标。

Top Sales 和普通销售员一个最显著区别就是思路上的差异。普通的销售员在想目标时，是把现在手头上有的资源点一点，然后估个数。而 Top Sales 的思维习惯却恰恰相反，他们先报目标数，并通过这个数给自己下一个决心，然后再想尽一切办法去达成。所以，目标本身就是一种生产力，当主管掌握了这个秘密，并引导那些业绩低于中位数的员工定出一个堪比呼吸般重要的目标时，团队业绩恐怕想不好都难。

第二节 从“三文鱼法则”到“结构化跟进法”

先带大家看一段动物世界中的惊险片段：雨季过后，太平洋中成千上万条的鲑鱼，也就是大家最爱吃的三文鱼，集结在河流的入海口。它们要逆流而上，回到祖祖辈辈出生的地方——淡水小溪中去产卵。而由于该处水浅，当鲨鱼袭击时，大量无处躲藏的鲑鱼，免不了成为鲨鱼口中的美食。然而，它们没有灰心，继续朝着目的地勇敢前进。可是归乡之路漫长而坎坷，一群饥肠辘辘的棕熊早已守候在河口，它们此前饿得只能靠青草果腹。河口的水极浅，仅能没到这些可怜的鲑鱼背部。棕熊们绝不会放弃这一年一次的机会，它们尽情挥动着鱼叉般的利爪，贪婪地享受着这场饕餮盛宴。然而，这仍不能吓退这种执着的鱼类，幸存下来的相互鼓励着，为了一点点生的希望继续奋勇前行。悲催的是，就在不远的前方，黑压压的一群白头海雕正在低空盘旋，观察着水面的任何变化。筋疲力尽的鲑鱼已望眼欲穿，它们没有放弃，用尽最后一点力气，迟缓地闪躲着，大量同伴从此再也没有出现在队伍中。

这个故事似乎有些悲壮，然而在结尾处，画面中出现了一道彩虹，故乡的云被一抹残阳映成了红色。那些凭借坚定意志和运气完成了马拉松长跑的选手，此时正在水中纵情地翻滚嬉戏，享受着夕阳下的温暖，仿佛已经忘却了路途的艰辛。这一刻，我的心彻底被触动了，对呀，这就是物竞天择。上帝虽然设置了重重考验：一个看似不可能的任务，一次有太多不确定性的使命。但只要尝试的次数够多，终有一扇“窄门”可以被我们打开。

“下半盘效应”——从“量变”加速到“质变”

在我们的工作中，从自身找原因的人越来越少了，大家好像更热衷于吐槽产品的缺点。找问题本是有益的，可以推动产品的创新，但却不能成为销售员卖不动现有产品的理由。你说卖不动，我只问一句，你试了几次？你是从多大的样本上得出的这一结论？飞人曾说：“我的职业生涯中有9 000多个球没有投中，输掉了差不多300场比赛，还有26次，队友把决定比赛胜负的最后一个球传给我，结果我没投中。正是这一次次的尝试和失败，才是我成功的根本原因。”

事实上，我们寻找客户，建立联系的初期，根本无法判断他们的喜好。唯有依靠持续且大量的尝试，通过“大数法则”的原理，才能甄别出目标客户。有些人总不屑于做基础性的积累，妄想着能突然出现个大客户。正所谓要么不出单，一出养一年。在这里，有一则故事值得我们细细体会。

古印度的一个宰相，有一天发明了国际象棋。他的发明给当时的人们带来无尽的欢乐，这其中也包括国王。为了庆祝这项伟大的发明，国王决定重奖这位宰相，就对他说：爱卿，想要什么，全国的金银财宝你尽管挑！聪明的宰相想了想，有些腼腆地说：多的也不敢奢望，如果一定要奖励我，那就来点大米吧。国王哈哈大笑道：这有何难，会不会太委屈你了，说吧，要多少吨米。

宰相指着这张国际象棋的棋盘说：按颗粒算吧。在第1个格中放1粒米，在第2个格中放2粒米，也就是第1个格子的2倍，在第三个格中放4粒米，也就是第2个格子的2倍……这样以此类推，一直放到第64个格子即可。国王听完，爽快地答应了。

然而，在放米的过程中，人们很快发觉，好像有点不太对劲。在前10个格子中，加米的工作进行得非常顺利。然而到了第二三十个格子后，大家惊讶地发现，由于每一格都是上一格的翻倍，米的数量开始了爆发式的增长。那1粒一开始毫不起眼的大米，从“中盘”开始，快速变成了天文数字。后来经过计算发现，当到第64格时，即便把全天下的米都给他，也远远不够。

这就是有趣的“下半盘法则”。在自然界中，我们处处都能见到这种由量变加速到质变的过程。很多游客喜欢夏天去游杭州西湖，可以看到满池漂亮的荷花。有趣的是，往往头一天去，叶子才刚刚冒出水面，可到了第二天一早，就已是一幅“接天莲叶无穷碧”的壮美景象。

我们时常感觉做销售很辛苦，那是因为我们还没进入到“下半盘”。在这个阶段，我们必须像三文鱼那样，重复地做大量的尝试，这几乎是所有Top Sales的不二法则。当基础客户积累到“下半盘”后，我们无需太辛苦，即便保持速度，由于上一格中的筹码已经翻倍，你身边的资源，将会以你意想不到的速度，朝你快速聚拢。我们心中那个对“映日荷花”的憧憬，也就指日可待了。

为啥“腰”好了，腿还是迈不快

一个公司的经营，就像一个人在走路：头、腰、腿各部分都需要平衡。因此，不少公司非常强调“腰”的重要性，在中层主管的培养上，侧重于PDCA的能力，也就是大家通常说的“戴明环”(Plan-Do-Check-Action)，即计划、执行、检查、总结。这个理论已经被西方实践了许多年，本身是科学的，可为什么一进入我国，却好像有些水土不服。许多公司，花了大量咨询费不说，上线了这套标准化东西后，原来有的问题现在还有，产能也没怎么得到提升。

莫非抓“腰”抓错了？台湾著名国学大师曾仕强出了一本书，叫《中国式管理》，他将这个问题的产生，引入到了对文化层面探讨，并给出了一些符合中国特色的管理思路。我很喜欢听曾老的课，也觉得这是问题的一个解。

那么，是否存在第二种解呢？今天，我想提出另一个完全相反的假设：就按西方管理学的逻辑，有没有一种可能：我们没完全读懂“说明书”，而导致操作性错误呢？

先出个选择题：你们觉得“戴明环”的四个环节中，哪个环节最重要？经过问卷调查，我们发现绝大多数人会选“执行”。执行不重要吗？“执行力”这词不是管理学中流传最广、妇孺皆知的词吗？

中秋节的头一天，我到杭州出差。夕会开完后，我开车顺路送分行的主管回家。暂别工作的琐碎，伴着节日前的轻松，我们一路聊起了自己的小孩。她儿子比我女儿大，已经上小学了，我就打听起现在小学生们的世界。她说，“现在上小学可忙了！”我说：“这个我知道，就是从小‘填鸭’嘛，电视上不是经常报道吗。”

她说：“不是，我是说家长可忙了！”

我笑着说：“那就是你太溺爱他了，作业让他自己做嘛，你有啥好忙的？”

她愤愤地说：“哎，现在作业哪是给小孩布置的呀，分明就是给家长的功课。而且，学校建立了强大的短信平台，每天的作业，班主任都会一字不差地发到你的手机上，要求家长必须仔细检查后，才能上交。否则，题做得不好，是要找家长的。”说着，她把那天刚刚收到的一条短信拿给我看。果然，内容细到语文要背诵哪篇文章的第几段，数学要做第几页的练习题，等等。

这看似变态的要求，仔细想想，确实能提高成绩，而且是从改变家长的习惯开始的：过去，家长可能过个 30 分钟，去瞄一眼小孩在不在做功课。一些小孩本来在玩游戏，一听到风吹草动，马上切换界面。家长的监督，只是一个墨守成规的形式而已。而现在不同了，检查成了一个必要环节。在这样的情况下，你认为家长每天会等小家伙们做完作业后再去检查吗？绝对不会。只等着看结果的局面自然而然就改观了，因为家长担心错的太多。稳妥起见，他们会选择在过程中投注更多的精力，从而保证结果靠谱。这一投精力，才发现问题的根源不是他们粗心大意，那只是结果，而是你孩子或许根本就排斥某门课，或是对某样别的东西更感兴趣。总之，他的一举一动，都逃不脱你的眼睛，让你看清了产生那个结果的过程。一旦这些问题解决了，你和他就能获得真正的自由。后来一问，如我所料，这家学校的口碑与升学率都还不错。

销售员的管理也一样，我们是否了解他们每天究竟见了几个客户？新客户还是老客户？这些客户是否够用？（够与不够，要看该员工平均的面访成功率。如果指标是做3个新增，他的成功率为30%，则他至少需要联系到9个见面机会。）目前的业绩进度是否能赶上时间进度？如果低于时间进度，那么下一阶段的面访量加到多少才有机会追上？

在过程管理方面，一家欧洲的银行很有想法。他们耗巨资，不是去买大家都在用的CRM系统或是ERP系统，而是研发出一款"过程化管理系统"。他们说，天天去改进报表系统有什么用？你报表系统再牛，展示的颜色再漂亮，在我们看来，不过是锦上添花，我们只要数据准确就行了。而一个系统，如果能管理过程，那作用就完全不同了，它是能直接提高生产力的。过程量把握好了，排名中游的那部分员工业绩自然就上去了。

他们做了极其细致的研究，将销售过程进行了分解：首先，每人要将上一课中所讨论的量化目标，填入到一个表中。这里会进行目标的分解，将季度目标分摊到每月、每周和每天。每天下班前，要将你当天的电话邀约数和面访数填入一张表。该系统和业绩系统做了关联，当系统判断业绩进度低于时间进度时，会自动启动过程化研究机制：首先，先将你每日的目标与指标进行对比，如果偏低较多，说明你自我要求太低，系统会提示你调整目标。同时，将目标与实际业绩量做比对，如果数字常常偏高，说明你水分大，有忽悠的嫌疑，会自动发邮件至你的主管。接着，系统会自动算出基于你过往面访的成功率，要完成的指标，需要每天见几个客户的那条数。将你的实际面访量与该数进行比对，如果比率偏低，说明面访量太少，也会自动发送相关数据至你及你主管的邮箱，作为警告。如果比例偏高，说明你的成功率过低，系统还是会发提醒邮件，建议对你安排相应的技巧培训。

这种自动化的精细管理，使员工既不能乱填数字，又不能不填数字。唯一不被领导盯上的方法，就是老老实实地在有限的时间里，做最大量的行动，闷头提升产能。有人会问了，这么一个系统不是很贵吗，中小企业哪有实力买啊？其实，排除掉那个系统中的辅助功能，就上述我讲到的这些核心工具，招一个Excel用得熟的人，通过VLOOKUP等基本的公式组合，就能够实现。**关键看你愿不愿意花点时间，像检查孩子作业一样，去发现和改善那些阻碍结果的过程变量**。通过掐牢过程，去创造而非等待一个可以预期的结果。

第三节 时间管理——杀死效率的幕后黑手

中小企业都怀揣一个梦想：有朝一日，不小心接到一个大项目，再包装一下融个资，立马招个三五百人，摇身一变，成企业家了。然后便有了派头，谈笑有鸿儒，往来无白丁。然而，当企业规模膨胀后，几乎都不可避免地会遇到一个问题：效率大幅降低。可能大家不信，说社会化大生产，不就是为了提高效率而产生的吗？怎么机构一大，每个人像螺帽一样在不同的螺丝上旋转着，反而速度会变慢呢？

大生产理论讲的是在传统社会中，像富士康这样的加工型企业，将一件产品的所有加工流程进行分解，采用流水线作业的模式进行协作。这样，通过专业人士，负责他擅长的一个生产环节，就可以使整体效率达到最高。这便是我们上中学时，所了解到的方法。还记得卓别林的经典电影《摩登时代》中那个颇具讽刺的片段：一个拿着大钳子的工人，每天都要对着生产线上的螺母拧。结果下班后，远远来了一个穿双排纽扣衣服的妇女，他也习惯性地上前去拧。

但不要忘记，这种协作分工，提高的是生产型企业的生产效率，而非服务型企业的决策效率。如今，互联网时代正悄悄改变着整个商业社会的规则。过去的大佬，经过数十年的积累，以一座巨大的金字塔般的姿态，从地平线上缓缓升起。他们关心的，不是修建和维护这座金字塔用了多少人力，而是这种巨人般巍峨英武的气势。然而现在，玩法变了，外界更关心的，不再只是商品背后厂家的大小。因为接触信息的方式变了，人们更愿意在家里听着音乐，吃着水果，通过淘宝、天猫或京东商城，根据买家的评论，来判断商品的好坏。**信息的无时差传播与客户购物习惯的改变，决定了大企业很难再依靠人海战术，与那些“小而美”的企业对抗**。**人员，有时反而成了负担**。臃肿的机构，多层级的决策机制，使那些笨重的大象转身困难，根本无法及时应对客户需求的瞬息变化。相反，那些人数较少，效率更高的企业，因为对顾客需求的高契合度，没过几年就上市的案例，却比比皆是。

别让蛀虫抹杀杰出者的贡献

再让我们深入一点来看，为什么大机构将难以适应时代的变迁，这就牵扯到未来整个社会的组织变形问题。过去的组织其实都可以称之为树形组织，内部像树一样，有根、有干、干上生枝、枝上生叶。每个人，无论在政府里还是企业中，都是一个分支，上面有领导，下面有小弟。但未来的互联网社会，可能就不是这样了。冯仑在他的《野蛮生长》这本书里，就前瞻性地预测了未来可能会出现的两种组织：

一种叫“突击队型组织”，就有点像美国大兵在阿富汗的那种组织形态：大后台加小分队的形式。大后台是五角大楼所提供的云计算数据，而真正在阿富汗山区以一敌百打仗的，是3人一组的机动小分队。

另一种类型的组织叫“基地型组织”。这种组织是靠共同的信仰，依赖“内激励”来发展的，而不是领导觉得你一年到头干得好，给你发多少年终奖。

无论以上哪种组织类型，其实都有一个共同特征，即都是靠强干的小团队。他们不可能长得很大，否则，将失去快速反应能力。之前闹得沸沸扬扬的西门子冰箱被砸事件，就是一个例证。网络名人罗某发现自己家的西门子冰箱门关不上了，便打了他们的客服热线，然而沟通了两次，均不满意。于是，他将自己家的冰箱拉到了北京的西门子中国总部楼下，在数家媒体和大量市民的围观下，举起大锤，把冰箱砸烂。同时他声称，如果西门子2周内解决不了问题，他将召集所有该品牌冰箱有问题的用户，集中砸毁。后来我看到，不少网友认为西门子的危机公关没做好，听说一位负责公关的员工也受到了处罚。然而在我看来，问题哪里出在公关呢！你让一家典型的树状组织型企业，在遇到这样一个有一定影响力的个体时，快速反应几乎是不可能的。

在这样一颗百年老树内部，故事很可能是这样的：客服接到第一次电话后，先用标准的话术解释了一番，虽然客户并未平息，但公司不会当回事儿。可没过两天，客户又打来了，而且态度坚决。一看碰上较真的主，客服部立马将问题通过邮件，转给了生产部。生产部的主管收到邮件，先转给某位员工，安排其负责跟进，主要是安抚。这个员工心想：不如当子弹飞一会，过两天再联系。结果电话打去，客户非常坚决，要求更换。该员工发现自己搞定不了，又将情况告知了主管。主管犯愁了，一阵纠结后亲自打了电话，可发现人家根本不吃你这套。怎么办？部门没有这个权限，写邮件给总监吧。总监是个老外，不巧这个主管英文不好，先用中文打了个草稿花了1天，又花了1天去翻译。好不容易给总监发去，结果人家正好休假了，只能去找他的Backup（总监不在时的候补）。Backup说，你怎么这么笨啊，冰箱门故障，也可能是配件的问题，你给采购部发邮件，让他们也协助确认。主管一听，有道理，姜还是老的辣！这样或许责任就不在我们这儿了。结果一番你来我往的邮件内耗，又是一周过去了。客户忍无可忍，就有了故事开头时的那一幕。

在大型树状组织中，许多叶子上下交错重叠，阳光只能照在一部分叶子上，这就会出现一种现象：那些同样吸收了养料的叶子，因为躲避在暗处，并不进行光合作用产生氧气，这和某些员工的状态不是一模一样吗！我们曾去一家机构蹲点，和主管假装在谈别的事，实际暗中观察并记录几位业绩落后的同事一天的工作。结果令人震惊：**他们绝大多数时间，其实有意无意地做着和业绩没多大关系的事，以他们的节奏，看似忙碌地浪费着他们的时间，并乐在其中。**

三大时间杀手与“暗时间”运用

先讲一个词 PE(Professional Effectiveness)——专业效能，我们整本书所讨论和想要解决的，其实都是围绕它展开的。在这里，我们尝试从 3 种浪费时间的情况入手，先解决时间占有率的问题。然后再结合“暗时间”的概念，找出掣肘效能的真正原因。

首先请问，你认为效能是什么？有人马上说：不就是业绩。错！那叫产值，不是效能。效能是指时间的占有率：相同的资源和营销水平的两个人，通常效能高的人，同样的时间里，产值一定更高。因为产值≈效能×资源×营销技巧。后两者，我们已经或将要在其他章节中详述。

影响时间占有率的第一个因素称为上工率(Availability)。上工率不光是指每天是否准时上下班，而是你人在办公室了，有多少时间用在了销售这件事上。比如你刚联络完一个客户，这时老板叫你帮他起草一份内部报告，哪怕下班回家写，你总得和他先讨论一下吧，于是，一两个小时就没了。上工率常受到三种因素的干扰。

上工率的第一个杀手是会议。太多的会议开始前，员工并不知道有哪几个议题，每个议题多长时间。于是聊到哪儿算哪，开着开着就成了主管的演讲会、座谈会、批斗会或是茶话会。也难怪大家走进会场前都会把手机带上，明知会议中达不成任何共识，当然逼着他们找别的乐子。一种景象特别常见，**会议中主管吐沫横飞，号召那些业绩差的人要加把劲，朝某几个方向努力**。**被点到的同事一阵点头，坚决表示：领导指哪我打哪**。**结果，一场谈话竟然就这样愉快地结束了**。我想问：加把劲代表每天增加多少工作量？

那几个方向具体打算怎么做？什么时间前要做完？根据经验测算如果做完了是否能完成指标？还差的部分怎么做？所有这些问题，没人去较这个真。所以周复一周，每次会议讨论的都是方向性的东西，而非具体进度或工作量的审视。那么对于员工而言，会议不是占用了上工率又是什么呢？

另一类影响上工时间的因素，虽然每天都在发生，但并不被重视——等待时间。比如客户说好2点来看房，你吃好饭，1点50便等在售楼处了。临近2点，客户电话来了，说路上堵车，大概晚一刻钟到。在这百无聊赖的一刻钟里，你很可能与其他同事聊几句，或随手翻翻报纸打发时间。差不多2点15分时，客户又来电话，说到附近了，但好像没找到你说的那条路。你和客户确定了一下他目前的位置，边指导着他怎么开车，边大步走到门外，准备迎接。好不容易，你看见一辆奥拓向你缓缓驶来，心凉了半截，但仍用力地挥了挥手。等到他绕着停车场转了2圈，终于找到车位时，你一看表，已经快2点30分了。你看，从1点50分到2点30分，这等待的40分钟，虽然看上去不可避免，但不能算在上工时间里。

第三种上工率杀手是工作项目的转换时间，又叫切换时间，这是由人的大脑决定的。在开始一项新任务前，大脑必须有一定的“预热”时间。举个例子，你看了一会书后，忽然有点倦意，忍不住打开浏览器看起了新闻。十分钟后，你想起来还要看书，但要回到最理想的状态，却需要一段时间去集中精力，把记忆中的相关知识再次激活。假如这个“热身”需要15分钟，那么看似10分钟的上网，其实花了25分钟，这也不能算在上工时间里。

影响上工时间的最后一种因素是被干扰与不相干的中断。比如朋友的一通闲聊电话、一条微信公众号的推送信息、被领导临时叫去干杂事。有2个方法，大家可以试试：一种是知难而上，知道干扰无处不在，就干脆锻炼自己的抗干扰能力。毛主席年轻时，为了训练这种能力，专门带着书去喧闹的大街上看，时间久了，你双耳屏蔽无效信息的能力自然就提高了。另一种是知难而退，因为知道自己经不住诱惑，就干脆切断一切可能的干扰。比如拔掉电话线、关闭手机，制造一个安静的环境，让所有人都找不到你。可大多数人有这样魄力吗？手机一会没响，都担心是不是坏了。

影响时间占有率的第二个因素是产能利用率。它意味着，即使你排除万难，在没有任何干扰和中断的情况下，把时间都放在了营销上了。但由于自身技巧或方法不足，仍然会导致时间的损耗。比如一个新厨子，手脚不够麻利，老师傅做一盘西红柿炒鸡蛋，从备料到上桌只用5分钟，而他需要8分钟。你不能说他主观不努力，他也在厨房里忙了一身汗，但由于技能不够熟练，就是产生了3分钟的损耗。

时间占有率的第三个影响因素来自工作质量和客户自身的错误。工作质量与时间占有率之间最典型的例子，就是汽车召回事件了。还记得2010年第一季度，因丰田所生产的一款车，在美国公路上发生了一起油门卡死导致的忽然加速事故，被媒体广泛报道。丰田无奈之下，开始在全球召回该型号的车，后又涉及了其他车型总计几十万辆。50岁的丰田章男跑到美国国会，又是鞠躬，又是道歉。这还是面儿上的，事后我看了摩根大通的分析报告，因这起召回事件，给丰田带来的所有经济损失（含诉讼和品牌等损失）高达50亿美元，并使丰田走下了世界第一的神坛。所以因客户不满而产生的事故处理时间，是吞噬效率的又一黑洞。

客户错误对时间占有率产生的影响，算在你头上貌似有些冤枉，但其实你是可以避免的。比如客户来办业务，其他资料填得差不多了，忽然发现忘带证件了，交易完成不了，你只能等他回去拿。结果他回去后，冷静下来一想，又对办不办业务产生犹豫了。你又得在电话里进行沟通解释，再不行还要上门一趟。虽然没带证件的问题出在客户这儿，但如果我们能提前帮客户想到并提醒，就可以为自己争取更多的时间。

以上内容，基本概括了影响时间占有率的重要因素了。不知大家还记得吗？在本小结开头的产能方程式中，我用了一个“约等于”号。也就是说，效能提高后，产能的问题算是基本解决了，但还差一步，即要考虑一个隐含的系数，即“暗时间”的运用。

“暗时间”这个词近些年开始流行起来，讲的是我们在一个时间段中做了一件事，可能并没有涉及推理的过程。**而只有靠推理才能深入理解一件事物，加深经验教训对你未来的指导作用，这部分推理的过程就是思维时间，也就所谓的“暗时间”**。如果我们能利用坐车、等待等这些碎片化的时间，总结和推理现有脑中做营销的思路、技巧和方法，则效能就有机会像自然吸气的发动机加上了 Turbo 增压技术，迸发出更强劲的动力。

第五章　从“狂轰滥炸”到“精准营销”

2013年的一个夏天，我自告奋勇，去位于上海陆家嘴的 Ritz-Carlton 酒店参加了一场培训。活动本来是邀请金融机构技术部的人参加，主要介绍一款由欧洲研发的软件系统。

演讲刚一开始，主办方就一针见血地提到一个现象：很多公司其实并不能准确掌握客户的真正需求，并且缺少了解这些需求的渠道。于是，不是铺天盖地撒广告，就是盲目地打电话。**这就像一场战争打响后，一方派出空军对敌人阵地一阵狂轰滥炸，等炸药消耗完后，你问敌人炸没炸死？没人知道。**相当长一段时间，我们都是处于这种状态之中的。

第一节　由“开环”到“闭环”式的营销策略

大多数公司做事凭经验，觉得客户的喜好是可以猜出来的。在传统手工业时代，我们依赖经验，可以加快重复劳动的效率，因此“老师傅”特别受尊重。然而，一个有趣的现象是，今天的很多资深游戏程序员，夜以继日地搞开发，好不容易折腾出了几个新功能，可到了玩家那，根本没人买账。《大数据时代》的作者维克托，就在他的书里通过大量例证前瞻性地提出：未来，权威将变得越来越不重要，每个人都有机会利用对数据的掌握，击败"老师傅"。

还有些公司说，这还不好办，雇几个大学生满大街发调查问卷，不就解决这个问题了吗？而事实上，调查问卷这个东西本身就靠不住。几年前，有两个年轻人就这个问题做过一个实验，想了解哪些电视节目最受民众欢迎，他们设计了一份问卷，列出了30余档节目，涉及了多家电视台。最终，在回收的超过100份调查问卷中，80%以上的人都选择了《焦点访谈》，这就引起了这两个年轻人的注意。受访者既然又不是来自特定群体，男女老少都有，怎么就能如此钟爱这个节目？可印象中，似乎应该是湖南卫视、江苏卫视这样的电视台节目。结果真是客观吗？

为了解开这个谜团，这两个人给部分受访者做了电话回访。结果惊讶地发现，原来许多人是觉得《焦点访谈》这个选项"应该选"，至于是不是最爱看，倒不一定。甚至周周守着看《非诚勿扰》或《天天向上》的人，有不少也把票投给了《焦点访谈》。这其实是一个心理学的问题，当人在提笔写下需求时，其实往往容易背离心底的想法。假如这个发现是真的，那么发问卷还有什么用？如果上述2种方法都不灵，那么出路又在哪儿呢？

"精确制导"的开始——"水门"情结

被称为"白宫甄嬛传"的2013政治大片《纸牌屋》，是我非常喜欢的一部美剧。Kevin Spacey 等老戏骨的出演，入木三分的人物刻画，耐人寻味的跌宕剧情，构成了美国政治生态的"清明上河图"。无论是主角 Frank 利用女记者 Zoe，还是操纵国会议员 Russell，再或是与妻子 Claire 的珠联璧合，都是大家津津乐道的精彩桥段。而我想和大家聊的是 Frank 在得知总统有意让富豪 Raymond 当副总统后，自告奋勇地去调查他的那个桥段。

对于野心勃勃Frank来讲，当时的心情本来非常低落，本以为自己十有八九被提名，但发现总统完全没这个意思。可老江湖就是不一样，他的第一反应竟是主动请愿，去了解Raymond这个人（总统说不太了解他）。可去了这富翁家才发现，这老头子根本就是太极功夫黑带，你说东他说西，你和他谈政治，他和你扯动物。可Frank是谁啊，权倾朝野的“党鞭”，各类信息的中央处理器。果然，他助手的电话很快响起，报告了一个重要情报：这个装疯卖傻的富翁，其实是总统的密友兼智囊。资料详细显示了这两个人同时出现在一个城市的次数与时间，并挖掘出他们此前为合伙人的关系，这为Frank的博弈提供了重要的筹码。

此后，他表现出一副受骗后愤怒，并迫使Raymond委婉说出了其需求。这时，博弈的天平已悄悄倾斜，Frank赢回了信息上的主动。紧接着，他利用Raymond经营核工业的信息，在回到华府的第一时间，便找来桑科这家做传统能源的企业，并诱使其设局干扰Raymond的生意，给其施压。在影片结尾处，这位富翁终于摊牌，他其实需要利用Frank在众议院中的影响力，通过立法和行政的手段，帮助他降低与中国间有关进口核原料的贸易成本。

从表面上看，这个故事讲的是政商之间那套尔虞我诈的权钱交易。但这个过程中，**随着双方实力的此消彼长，博弈的背后，不正是一个完整的营销过程吗：通过对信息的抢夺与控制，从而影响其他人的意志或实现他们的需求**。只是Frank销售的对象恰好是总统而已。

信息就是在这样一个封闭的环中双向传播着：Frank不断收集着各方的“回音”，一有风吹草动，Frank的助理或桑科公司的人立刻就有回馈，这些信息在他大脑中飞速地处理着。同时，这台“CPU”（即大脑）还会开放空闲下来的运算能力，应对更多反射回来的信息，对已建立起来的图像进行实时的优化。接着，“CPU”再把循环中的阶段性成果告诉Frank的助手们，由他们继续去获取新的数据用于回传。就这样，在这种螺旋的、闭环式的往复交互中，我们研究对象的轮廓、相貌、喜好都日渐清晰，成功营销也就变得顺理成章了。

闭环思路的特点，是对营销对象的反应有着足够的敏感，并对获取这类回馈保持着浓厚的兴趣。为了“知彼”而进行的尝试，从来都是以“大事件”的形式被记录下来的。前阵子沸沸扬扬的美国“棱镜门事件”，不仅将美国情报部门再次推到了风口浪尖，还搞得俄美两国元首见面时都扭扭捏捏，互看不爽。虽然中情局的那哥们有点不太厚道，出卖了老东家，但其曝出的内幕确实令人咋舌：自 2007 年起，美国情报机构一直在苹果、谷歌、微软等 9 家互联网巨头的数据库中进行信息挖掘，包括音频、视频、图片、文件以及个人聊天信息。一石激起千层浪，由于隐私的泄露，民众反响强烈。然而，人家奥巴马根本不为所动，并借机强调：安全与隐私不可兼得，应该把信息挖掘作为国策坚持下去。

在这里，我们姑且不用是非观来评判，这是别人的家事。仅就获取信息并加以整理分析的意识而言，是非常值得营销人员借鉴的。

好多时候，我们停留在“手榴弹”的阶段，看到敌人，甭管啥情况，把弦一拉，扔出去再说。可扔的位置好不好？有几个人炸死？却一概不知。这就是典型的开环思路，即用一套事先准备好的打法，去应对各种体型的对手。最近在网上看到一则笑话，让我找到了喜欢扔手榴弹的人的福音：说以后士兵都用微信了，进攻前，先用“附近的人”功能搜出一定距离内敌人的数量。然后一个手雷扔过去，轰的一声！再一刷新，少了几个，说明炸死几个。你看，有了反馈，这就是闭环的好处。

当然，更先进的做法是“激光制导”：先通过激光束照射目标。无论目标如何运动，装于导弹上的激光接收装置都会根据目标反射回的激光信号，反复计算着导弹偏离目标的程度，并不断调整飞行轨迹，最终命中目标。这种利用信息闭环式的多次交互而实现的精确打击，是我们高效营销的最好借鉴。

让客户的行为留下痕迹

说得简单点，谁心里没曾冒出过一次想了解他人的"水门"念头呢。可毕竟咱们资源有限，我们又没有 Frank 那么多耳目，又没有 FBI 联邦特工，从哪儿去获取客户留下的蛛丝马迹呢？

身边爱动脑筋的人其实早已有了对策，他们的方法就四个字——物尽其用。举个例子，银行对账单应该是我们生活中最习以为常的一样东西吧。我们拿到后基本是扫一眼余额，然后就当废纸扔掉了。后来，有人觉得印刷成本高，又不环保，于是把它改成电子的，通过邮件进行发送，这算是个创举了吧？可天外有天，又有高人灵光一现，忽然想到既然每月都要以"对账单"的形式与客户交流一次，是不是可以把这个交互的机会利用起来，借对账单来搜集客户行为，从而形成一个闭环系统呢？

于是，他们在对账单上添加了色彩缤纷的广告条。利用"网络爬虫"技术，他们可以掌握每个客户具体打开了哪些广告，分别停留了多长时间，这些广告间有些什么关系等信息。更厉害的是，他们还植入了视频。别担心这会使整个文件变得很大，视频经过处理后，可压缩在 1 M 以内，并且支持脱机浏览。每个客户是否观看了视频，在第几秒的地方有停顿，有没有反复看某一部分，都可以被忠实地记录下来。**这些数据被传回到云端计算机和大数据中心后，各类分析随之产生：哪类广告条的设置最受欢迎，哪类信息客户最有兴趣，视频中什么样的设计最能使客户停留回看，等等**。

更方便的是，客户如果有兴趣，在对账单中可以直接下单。比如你看上了一款理财产品，可以直接链接到该产品的网银购买页面，输入金额即可。对于那些在该页面有所停留，但最终放弃购买的客户。系统会自动判断客户有潜力，但可能碍于某种顾虑。于是，系统会自动通过一款 APP，再次发出邀请至客户的移动端，比如智能手机。据说这一招，又能拉回潜在客户中的 20%。这就是通过闭环思路，靠记录客户行为，不断优化解决方案，从而锁定目标客户。

为什么“微博”的活跃客户会被后起之秀“微信”成功蚕食呢？道理很简单，后者更能提供一个贴近闭环的生态，特别是在公众号和支付功能上线后。过去，信息在“微博”中的流动主要是广播式的，只要你加了关注，林林总总的信息就会根据发布时间的先后，一股脑挤在你的浏览窗口中。发信息的人，根本没有办法确定自己的信息能否被粉丝们读到，因为无论是否有人评论或点“赞”，只要有别人发信息，你的内容都会沉底。而“微信”这种社交式的平台，就比较好地解决了这一点。比如你关注了一个公众号，对方就可以像短信一样，点对点地和你进行交互，既可以推送标题性文字、图片甚至语音，也可直接聊天，讨价还价。当然，微博的私信功能也能间接做到，但似乎总不那么方便。也难怪，微信自诞生之日起，就定位于服务“强联系”的朋友圈。

闭环的应用，如今连卖奶粉、纸尿裤的商家都很有心得了。过去，他们的做法是在超市里租一摊位，愿者上钩。或是撒网捕鱼，用短信群发、报纸夹带等方式进行轰炸。但现在，他们一方面学会了和其他机构合作，比如找医院妇产科、幼儿园或是儿童影楼，宁愿前期多费点功夫，也要走稳闭环营销的第一步——找准目标客户。前两天接到一个电话，那头是推销奶粉的，他竟然对我的住址、孩子的性别、年龄以及正在喝的奶粉品牌都很了解，我当时就惊呆了。

另一方面，在闭环条件的创造上，听说国外某企业已着手研究婴儿身体对尿片的反应。通过纸尿裤上一个信息采集芯片，可以对其温度、湿度、形状等多方面参数进行自适应调节。这屁股下垫的哪里还是尿片，分明是数据嘛。这为闭环的营销提供了前提，让我们可以不断地与客户进行交互，哪怕是通过“屁股”，并将交互中留下的线索，作为优化我们产品的依据。

然而，留下“行为数据”谈何容易。我们大多情况下想的是如何主动去搜集信息，无奈能使用的资源实在太少，有没有别的办法呢？现在，就让我们换个思路，去想想能不能有办法让这些信息主动来找我们呢？在这点上，税收给我们带来了很好的启发。

自古以来，收税都是政府的一大难题。税种不能太多，不然面子上好像有点儿过意不去；税率不能过高，否则社会缺少活力；税基不能太大，否则民不聊生。更烦的还在后面，你得花银子养一群税官，不然谁愿意主动交呢？万一税官和商家勾结咋整，因此这些税官后面还得养一批反贪的人“看场”。这一连串的成本支出，正像是我们为了实现客户行为的可记录，而花巨资买进的软件系统。贵啊！还有没有性价比更高的做法呢？

有牛人想出了“印花税”。它的发明，解放了税官，节约了银子，并使商人反过来心甘情愿地找你交税，从而换得他们的一种踏实感。**闭环营销的本质在于，我们要创造足够多与客户接触的机会，从他们的行为中，找到差异化营销的依据**。如果我们能利用大数据手段，增加客户反馈的概率，甚至引导客户像交“印花税”一般，主动与我们进行交互。则最终的收益，可能会像“问渠那得清如许，为有源头活水来”那般，应运而生。

第二节　客户能被做“实”吗
——与客户“黏性”较较劲

看到这个题目，不知大家有何感受？无论大会小会，还是外出交流，都能频繁地听到“黏性”这个词，那为什么还要再说呢？

因为在一些文章中，都是通过案例，大谈特谈这“黏性”有多好，对业绩有多么的重要。然而，当你抛开各种修饰会发现，他们强调的核心无非就两点：一是要增强服务意识，亲切周到，让你心情好。心情一好，你自然就不会走了。二是要增加产品的配置，当然这是好听的说法，其实就是让你各品种一样来一些。配得多了，多到连你自己都搞不清楚到底配了些什么的时候，你也就懒得走了。

怎么样？有道理吧！可是在这里，我要提出一个彻底不同的看法：我们其实根本无法提高客户的“黏性”。可能看到这儿，你已经要拍案而起地骂道：这是什么歪理邪说！和传统共识完全不一样。请不要急，且听我往下说。

没有“黏性”的日子

大家还记得我在前文中提到的那个沙堆实验吗？很多年前，在我们父母那个年代，进入一个单位可能就会干上一辈子，没有那么多公司可供选择。每个人都小心翼翼，一团和气。大家心里想的是先做好技工，然后争取做小组长，再往后做主任，做厂长。到了一定年龄，在这家单位内的发展格局逐渐定型时，能为他带来满足感的，就是“老婆孩子热炕头”。那时的人们，就像是含水的泥土，彼此之间是有黏性的，你挖一个地方，周围的土也能被带起来。

可如今，80、90后根本没这个概念，今天工作不爽，明天就可以拍拍屁股走人。他们的网友多着呢，在QQ群里对着小伙伴们喊一声，还愁找不到工作？他们已经不再是泥土，而是干燥的沙。沙的特点在于沙粒与沙粒间根本没有黏性，有的只是彼此的挤压，这种作用随时有改变整个沙堆结构的风险。因此，对于他们不可预期的行为，我们将束手无策。什么原因呢？首先是“脱离黏性”的成本降低。

还记得在2013年初，雅虎通过官网发布公告：将于8月份停止原有的邮箱服务，所有用户在到期日前，可将邮箱服务连同所有存量邮件，整体转移至阿里云邮箱。这是什么概念，据官方数据，将涉及全国邮箱服务2%以上的用户，不是笔小数。我爸正好是他们的客户，所以犯起了愁，这用得好好的，怎么说停就停了呢？于是找我帮忙。我说那你就转个邮箱呗，可他说出了心里的顾虑：这转来转去不是麻烦嘛。你看，多忠诚的客户！雅虎听了肯定特别感动。他说的麻烦，不正是“黏性”起作用了吗？以至于新邮箱是否好用已经变得根本不重要了，这几乎是多数人的本能反应。

但你能想到的事，人家阿里云难道会想不到吗？他们早就把相关的转移支持工作准备就绪，无论是简单的图片说明，还是跳动的Flash介绍。更绝的是，人家干脆开发了一个“一键转移”功能，并大大地显示在了最醒目的位置。就是再懒的人，只要你还点得了鼠标，就一下，这个后台需要处理许久的转移，就好像什么都没发生一样地结束了。

此时，你有什么感觉？**科技的进步，已经可以从底层“一锅端”，直接撬动我们的客户，并将客户再选择的成本几乎降为零。**

这就好像你有一辆车，开了一段时间，可换可不换。当想起要换时，又觉得要跑4S店，还要重新办牌照买保险太麻烦，干脆再等等。于是，你的保养等花销，继续付给你目前的这家车行。有一天，远处蹦蹦跳跳地跑来了一只“机器猫”。它掏出一台iPhone10s，向你展示了几款你一直关注的车，全是市场最低折扣。并且承诺，你只需做一个动作，就是摇头或者点头。如果摇头，它立刻消失；一旦点头，后续所有的流程，甚至包括把你的旧车卖个好价钱这些事，都由它搞定。几分钟后，你就可以把新车直接开走了。扪心自问，你觉得你会拒绝吗？哪怕一时出现“选择困难症”，可过不了两天，想必你也会情不自禁地想起这只神奇的机器猫吧！

这个天方夜谭的童话，可能过不了几年，就会像其他那些曾经我们想也不敢想的事情一样，成为现实。到那时，你说你能靠多让你客户买点配件，多赠送些相关的增值服务，多打几个节日问候电话就能留住他？你还是省省吧。

另一个原因是随着信息传播渠道的拓展，信息不对称的影响将逐步减弱。传统社会中，卖家的成功销售往往是因为你信息的封闭所致。比如过去我们家里要装修，会就近找一个装修队，原材料价格虽然可以货比三家，可人工到底值多少钱，缺少比较。包工头报个价，大体上谈个折扣，也就差不多了。但现在，太容易了，网上都可以竞标，也难怪都说生意越来越难做。

再比如，过去我们买理财产品，到比较熟悉的一家银行一问，他们一定说自己收益最高。虽然你可能将信将疑，但也不会挨家去问，于是买了。而今天，比较价格的工作已经有人帮你做了，你只要下载个APP，所有银行理财收益都帮你从高到低排好了，并且随时更新，你在任何地方都可以调阅。

在这种海量数据均匀笼罩的世界里，你能保证你的产品竞争力始终最强吗？更无奈的是，客户可以随时知道：你哪里弱下去了。所以，"黏性"的光芒已成为过去，我们将迎来一个没有"黏性"却充满活力的新时代。

由"满意度"向"体验度"的跨越

在这样一个客户忠诚度注定流失的趋势下，我们就用这一小节，来试着找找应对的方法。

首先你应该了解的是：在不久的未来，"满意度"这个词可能会逐步淡出我们的视野，因为它将变得越来越不重要。我们常常看见，许多公司的高管，上完MBA回来，就对客户当下的"满意度"这件事特别在乎，内部隔三差五地检查还觉得不够，便请外来的"和尚"苦思冥想地罗列出一堆可以检查的细节，搞出一套所谓的"神秘访客"制度。我也曾参与过，但心里一直不太认同。

先说说这形式。检查通常都有特定时间，就像执法车辆一样，警察未到，警铃先鸣，折腾几遍，分支机构早就摸清你的行动规律了。曾有同事和我笑称：这都是走形式，只需看上一眼，就能区分出这些假装办业务、实际来找茬的人。退一步讲，就算你每次都演得很真，再带个针孔摄像机什么的，看似把情况都记录下来了，你就一定能打出客观的分数了吗？不是你不想打准，而是根本没法打准。去看看评分条目就知道了，仅举常见一例：工作人员是否微笑服务，按微笑与否评出1～5分。

那么请问：什么叫微笑服务？每个人的定义可能都不同。有人觉得笑不露齿就够了，有人觉得一定要露出几颗牙齿才算有诚意，还有人觉得光露牙还不够，万一是冷笑、奸笑、皮笑肉不笑呢。要笑由心生，否则也不能接受。你看，给自己找麻烦。这种评分项本身的模糊定义，不仅扭曲地理解了客户的实际感受，还误导了员工对于“满意度”的看法：以为分数高，就代表客户满意，客户满意就代表忠诚度高。我可以负责地告诉你：根本没有这回事儿！

哪怕客户那一刻心情确实不错，那又怎么样？还记得苹果在刚推出iPhone3时，那叫一个垄断，整个互联网手机的半壁江山都基本被其收入囊中。客户当初爱它，当然基于“满意”，但更多是好奇。一看这玩意儿，不用费劲地按按钮，手指滑滑就行了，有点意思！可后来呢，三星Galaxy崛起了，你苹果觉得3.5寸屏最好是吧，没关系，我就给你整个5寸的。结果怎么样？你去写字楼看看就知道了。人手一台大屏幕，更有“星粉”嘲笑“果粉”已经落伍了。什么原因？你以为是三星有更快的内核速度或更好的客服？这些根本没人介意。你以为是“星粉”对iPhone哪里不满意？错！他们大体上也是满意的，但替代就这样发生了。

然而，这个故事远还没完。几天前，我无意间发现坐在我边上，一个家境殷实的同事正摆弄着手机，但好像既不是苹果，也不是三星。我凑过去问道：“这是什么神器？”他有点得意地说：“这你都不知道，魅族啊！”我诧异地看着他问：“你不是一直用三星的嘛，啥时候换成山寨机了？”没想到他的回答，几乎可以解释上述所有问题。他说：“你没看到我的Home键和你们的不一样吗？没按钮了，直接简化成了一个触控小光圈，酷吧！”

我第一反应是：这有啥了不起，小儿科的技术。但仔细一想，却觉得他随口一说的这种消费者心态，其实大有道理。在这个物质丰盈的时代，触动人们的已不再是那些如面包般可以果腹充饥的“满意感”，而是如这个“小光圈”般的“体验感”。对于魅族而言，这可能是他面对市场不确定性的一次试错，但却真实地打动了这位同事。后来上网一搜才知道，这个对于手机巨头而言并不起眼的小学生，一年也能抢到超过300万的客户。

好奇妙！可问题来了，这个看不见摸不着的“体验感”，到底应该怎样创造呢？在这里，提出三种方法，供大家体会和尝试。

一是趣味化。每个人心里，其实都藏有一份童趣，这也是为什么成年人与小孩在一起，通常都有自己也变年轻了的快乐感。过去人们见面聊天气，现在碰上都说“你打飞机的分数好像比我高啊”。一个小小的可排名的娱乐程序，因为从增加“体验”的角度着力，轻松占领了上班族的间隙空暇，并顺便提升了“微信”客户的活跃度。

讲到这儿，要提一本书——《娱乐至死》。作者是美国著名的媒体文化研究者尼尔·波兹曼。在书中，他不无忧虑地写道：**“印刷术时代已开始步入没落，政治、教育和其他诸多公共事务领域的内容，都不可避免地被电视的表达方式所重新定义，而这种表达方式的本质就是娱乐。**”全书从历史的角度，客观地梳理了文化传播方式的变迁，并无奈地预言，在到处都是娱乐的新世界里，人们感到痛苦的将不是他们用笑声代替了思考，而是他们不知道自己为什么笑以及为什么不思考。

其实早在尼尔的早期作品《童年的消逝》的结尾处，就曾为电脑做了一个有趣的定义：“电脑可能是一种延续童年的传播技术。”这就让我想起了一位科学家曾提出的，有关人类是怎样灭绝的猜想：一个哥们儿正啃着面包，全神贯注地玩着网游。忽然，屏幕上出现一排文字，大意是：世界上最后一位女性刚于前一秒钟去世，由于你忘了繁育后代，人类灭亡，Game Over。尼尔可能还没猜到，今天的互联网，影响力与传播力已远远超越了此前的电视。地铁上，因埋头玩互联网游戏而坐过站的，大有人在。那么谁又能确定，在不知多少年后，那位科学家看似无厘头的预言，不会成为现实呢？只是如果因为对娱乐这种本能的爱，而如此悲催地消失在这个星球上，让外星人看到，的确有些丢人。

二是产品生活化。若干年前，我们可能会去相馆拍个写真。后来，家家都买了“单反”或“微单”，连手机的像素也早已超过800万。除了婚纱照或证件照，你听说谁还没事总往照相馆跑？于是，各种工作室日渐凋敝，靠摄影吃饭的人也倍感压力。按理说，拍人像这一行都不能说是“红海”，算是

"死海"了吧。然而,总有聪明的人跑出来"逆天"。

有一个既喜欢小孩又酷爱摄影的人,萌生了一个想法:一般拍小孩,都千篇一律,摆一个背景,让小孩做一个 Pose,然后就按下快门了,没劲!能不能不走这种套路,第一张照片从孩子清晨一睁开眼那一刻开始呢?然后跟随并深入他们一天的生活,抓拍各种没有准备的瞬间。这种拍摄法,有点像拍美国总统的白宫摄影记者。我看过一个数据,奥巴马的贴身"照相官",每周大约拍摄 8 000 张照片,记录总统的各种表情与姿态。那些经典的瞬间,都是这样被记录和筛选下来的。果然,这个接近生活,给孩子总统般"体验"的想法,为他赚下了大量的财富。据说,他现在跟拍一天的收入,就接近 1 万元。

三是内容简单化。早就听过"做减法比做加法难",直到一次听"天下互联"的张向宁演讲,才有了更深的体会。他有一句名言:"**我们的用户不需要去想,他们就只用闭上眼睛点下一步就可以了。如果客户花时间研究这个网站怎么玩,这本身就说明我们做的有问题。**"

天下互联很早就发现,有不少网络广告,飞来飞去惹人反感,同时互动性还很差。有时被某条信息吸引后,却惊奇地发现找不到购买的方法。好不容易找到一个电话,打过去还占线。于是,他们从简化整个流程入手,开发了一个"回呼"功能,客户只要点一下购买键(注册时已留了手机号),就能等广告主打电话过来。此外,他们的留言功能也很简便实用:你留个言,系统会通过短信将内容直接发到广告主的手机上。这样,在非工作时间,广告主也可以及时找到你了。这些思想,现在正被广大企业所使用,并发展出如"阿里旺旺"这样便捷的小应用,其关键基因,就是"便捷"二字。

第三节　为何你的宣传材料被人丢进了垃圾箱

有一种现象不知你是否觉察到:当我们说到某样事物时,脑子里首先出现的，不是对这件事物的文字描述，而是该事物的外观。比如说到某位名人，你可能已经想不起来他做过什么，或说过什么，但你的脑海中，却能浮现出他某张照片上的模样。这就像我们在和朋友聊天，提到另外一个人时，忽然发现他的样子是那么的清楚，可就是一下子想不起来他的名字，虽然就在嘴边。

我们大脑有一个功能，就是会对已存储的信息自动进行压缩。这就带来了一个问题：绝大多数信息进入大脑后，都在不知不觉中被简化了。“偏见”不就是这么来的吗！比如某人在上海遇到过性格比较阴柔的男生，就认为所有上海男人都很“娘”；某人在广州被骗过一次，就认为全广州没有好人了；某位女演员长得漂亮，就好像怎么看都觉得人家一定是靠潜规则上位的……这就是人脑的特点，无论你如何理智，永远逃不掉这种对复杂信息“符号化”的本能。

营销中的视觉体验

眼睛是人体最奇妙的器官之一，随着年龄的增长，身体的各种功能都在退化。可唯独眼睛，不仅没有变差，反而看远处的东西更清楚了。

最近，和相识20多年的老同学在杭州又聚了。从高铁站接到他，片刻寒暄后，我便充满好奇地向他请教“视觉智能”这个话题，这是他博士阶段的研究方向。

人类在视觉技术这个领域，已经取得了瞩目成就，更振奋人心的是已经积累出可以改变未来的无限可能性。科技的应用，往往是从游戏开始的。如果说风靡全球的日本任天堂公司Wii系列产品带来了实现人机交互的曙光。那么，由微软开发的Kinect，则打开了依靠视觉识别物体的这扇大门。过去，当手持一个发射器，就可以隔空对着屏幕打网球时，这已经让我们感到有些不可思议。而今天，Kinect已经能依靠它的“电子眼”，在没有信号发射器的情况下，就可以建立出它所看到的物体的三维模型，并对这些物体的运动快速地做出反应。

有人推测，不久的未来，司机这一行可能会集体失业，因为汽车也开始“长眼”了。谷歌的无人驾驶汽车研发团队，正在进行这项“造眼”工程。通过“电子眼”，谷歌汽车可以对周边运动的物体迅速进行建模，模拟出一张行车环境图。通过连续发射激光，来探测彼此间的距离。再结合 GPS 数据，判断车的位置。所有这些数据，通过车载的高性能计算机，以极高的速度被分析处理，从而保证车辆的连贯运行。2012 年 5 月，该车已在美国内华达州获得了行驶许可证，保不定哪一天，我们就能在大街上看到一辆驾驶座没人的车满大街转悠。

“电子眼”的应用，正在这些高科技领域悄然开始。上例不难看出，不仅是人，连机器都正追求着对视觉的全新体验。3D 打印提高了机器的智力，使其不仅可以“读得懂”平面的文字，还“看得透”立体的物品。如果机器能说话，我想 3D 打印机可能会转身对传统打印机说：“我已出仓，感觉良好。”因为随着这扇“视觉舱门”的打开，它看到了一片更加立体生动的“美丽新世界”。

这给我们做营销带来了很好的启发：再好的产品，如果客户缺少良好的视觉体验，是很难产生购买意愿的。曾经有一位世界著名小提琴演奏家装扮成街头艺人，在一个人流密集的地铁站里演奏了 6 首世界名曲，共花了 45 分钟。在这么长的时间里，前后大约有 2 000 人从这个地铁站经过，却只有 6 个人停下来听了一会儿，有 20 人给了钱就匆匆离开了。后来一算，那天总共只收到了 32 美元。可没过几天，当他要在剧院演出时，门票早早就被一抢而空。同样的 6 首曲子，坐在剧院里的观众平均要花费 200 美元。

同样精湛的演奏，同样的一把琴，怎么前后就能差这么多呢？可能你的答案是环境的差异。没错，但环境差异的本质，其实正是人通过视觉，在心中形成的一种“感觉”。当你见到蓝天白云、河流绿地，会觉得心旷神怡；当你看到小巷污水、老鼠蟑螂，会感到惹人生厌。你看，绿地也好，污水也罢，他们本身完全是一种平等的客观存在，对于自然界而言，没有什么不同。可通过你视觉系统的体验后，在内心形成了一种感觉，从而就影响了你的心情。

机器的视觉系统在进化，人也一样。2012 年夏天，应西安分行的邀请，我第一次来到了这个历史悠久的古都。当地同事行地主之谊，带我们到处参观，其中包括了闻名中外的大雁塔，也就是唐三藏西天归来存放经书的地方。快离开时，当地僧人将我们带入了一处密室，说有一饱眼福的宝物。顺着指引，我们来到了一张旧木桌前，走近一看，才知是国家一级文物——贝叶经。这其实是一种叫“贝多罗”树的叶片，被那时的人们用铁笔在上边记录信息。这个发现，在当时是一件不得了的大事。可今天，当我靠近它时，却发现身边的人一笑而过，没有震撼，没有感叹，只是把这片已经激不起视觉体验的叶子当成“文物”而已。对啊，它确实只是一片叶子文物了，或许连可用来观赏玩味的“古董”都算不上了。

信息的表现形式，早已随着人类视觉品位的提高，进入到一个前所未有、色彩斑斓的新阶段。一天，我看到一位同事似乎有些懊恼，盯着手机一筹莫展。过去一问才知道，这姑娘正在下载苹果 IOS7.0 系统。据说因为网络“卡”，已经下了 4 个小时都没成功。我有些费解，说道：“既然这么麻烦，就别下了嘛。”谁知对方回道：“不是冲着它图标颜色的升级更新，我才不会等这么久呢。”

我们先不去评判这个充满争议的 IOS7.0 与原来的 IOS6.0 比，谁的色彩更好，因为每个人的审美观本来就是不同的。但就“视觉体验”对这位同事的影响而言，确实令她不惧麻烦，产生了惊人的行动力。没过多久，我发现身边几乎所有“果粉”的电话铃声都变成新的了（IOS7.0 的默认来电铃声与旧款不同）。回家一看，太太早已升级了，还笑我“土鳖”。视觉体验所带来的营销机遇，正在这个时代繁荣滋长。

让人多看一眼的方案呈现

熟悉营销或谈判的朋友，应该都了解一个情景：当你煞费苦心地与客户经过前期的寒暄、背景介绍、营销前的铺垫后，都要经历一个呈现方案的阶段。观念可以口头沟通，但方案需要落笔呈现。很多时候聊得很 High，可客户签合同前或回家考虑时，还是会翻翻你的书面资料，这才觉得踏实。很多咨询公司现在不就做着广告公司的事吗：依靠炫目的 PPT 和精致的文案，让客户眼前一亮，从而将他的“皮球”放进了你的“网”里。

其实，我们并不指望客户拿着我们的宣传资料反复研究，只是期待他在拿到我们的资料时，不会顺手扔进身边的垃圾箱，只是期待他在耐心尚未消退前，快速地找到并理解他所需要的信息。为了让目标客户能多看一眼你的方案呈现，以下三个方面，供你参考。

首先是文字。你认为面面俱到的繁文缛节还能引起客户的兴趣吗？这是一个处处崇尚便捷的“微时代”。据某知名网站调查，在国内一线城市中，近 5 成的居民是通过“微博、微信”来了解每天发生的新闻。这个比例，在上班族中更高。阅读 140 个字，几乎是他们对一条信息长度的忍耐极限。**信息的急剧膨胀，使大家感觉像被推着往前走，没时间再特别关注于一件事情“为什么”，而更关心“是什么”**。

标题党在一些人看来缺乏深度，令人反感，可却为我们节省出很多时间。前两天，我的几个同事义愤填膺地议论着一则新闻，标题是“奥迪车主撞死婴儿拒下车”。一共 11 个字，把“是什么”全讲清楚了。“奥迪”指向有钱人，“婴儿”则是典型的弱势群体，“拒下车”已完全反映出车主素质，这无疑深深触动了老百姓正义的神经。后来一打听，身边许多人并没有点进去详细看那篇报道，但情绪的瞬间聚集，早已帮每个人做出了判断。

我们的宣传资料，应该学学新闻界。不要以为你絮絮叨叨，发自内心企图告诉客户的内容有那么重要。在客户心里，这大多是些同质化的噱头，没人去细看。而你最为推崇的差异点，可能就在这洋洋洒洒的文字中被掩埋了。所以，就文字而言，宣传资料上的字越少越好，除去联系方式或责任说明外，核心文字控制在两三行就够了。宝马这家百年老店，在概念车的设计理念中，只用了一个“悦”字，就把丰富的品牌含义概括了。所以，先要好好考虑清楚我们最想说什么，提炼出关键词，再用醒目的字体和颜色加以修饰。**最后你再反复斟酌这两排文字，是不是在客户只有10秒钟的阅读时间下，你最希望客户第一眼看到的。**

除文字外，色彩的表达是宣传物的另一要素。提到Tiffany，你会留恋它的蓝；说到Hermes，你会迷上它的橙；聊到iPhone，你会向往它的“土豪金”，这就是色彩所带给人的感官体验。当然，我们不用太担心，因为上规模的企业都有自己的CI系统（企业视觉形象识别系统），与它一致就可以了。但我想，读到这儿的朋友中，一定有想自己创业或已经做起来的，所以还是要啰嗦一句：尽量使你每次发出的宣传资料的色系保持一致。

颜色的选择，有两点要注意：数量与种类。有点基础着装礼仪常识的朋友应该知道，正式场合中，无论男女，服饰搭配中的颜色不要超过3种，否则容易给人一种凌乱的感觉。所以，宣传资料上的颜色也不宜太多，避免造成“眩晕”的感觉。在搭配颜色前，为避免明显的错误，应先衡量一下，你是为了突出哪个部分的颜色。比如，把深褐色、深紫色这样较沉重的色彩与黑色搭配，就会出现和黑色呈“抢色”的效果，令整幅画面没有重点。

再有就是图像的选择。就像奥运会这样的大型活动，一般都要设计一个吉祥物，以给人留下深刻印象。可为什么图像给人留下的印象会比较深刻呢？围绕这个问题，我特意请教了我们公司的广告供应商，他们的解释是：可以通过人的视觉，产生一种超越平面设计之上的动态效果。为什么能动起来？以下4种方法可以给你一些答案。

一是不对称法。从初中刚开始接触几何起，我们就开始了解自然界的“对称”。后来长大点外出旅游，更发现从建筑物的整体造型，到门窗、外墙，大多是对称的应用，美观而和谐。但中规中矩的高楼大厦看多了，难免有些审美疲劳，留下深刻印象的建筑并不多。直到一次，在网上看到波兰的一个名叫“弯曲屋”的建筑，令我一惊，到今天都常常想起。整个建筑仿佛刚刚经历了一次大地震，无任何对称可言：墙是斜的，房顶是歪的，连窗户都歪七扭八。可就是这么一个怪异的房子，每年吸引着大量慕名而来的海外游客。

二是模糊法。从人的心理出发，若隐若现的感觉，通常比一眼看穿更能激起人的探索欲。如果你看过法国印象派著名画家莫奈的作品，你会发现，无论是他笔下的日出、教堂还是火车站，都有着一致的风格：画面主体模糊、虚化、神秘，让你产生一种想拨开迷雾去了解的冲动。正因为这个独特的表达方式，使他的一幅画，可以卖到上千万。

三是图像异构。所谓"异构"，是指在现实生活中并不存在的一种图像主题。比如"小龙人"，头上有犄角，身后有尾巴。可这东西其实并没有，是人通过想象，将龙的形象与小孩的样子相融合，创造出一种有点可爱、又很特别的形象，深受广大儿童的喜爱。

四是改变图像"体量"。我们公司常年订一本奢侈品杂志《富甲天下》，里面处处都是灼人眼球的腕表、名车、游艇、豪宅的广告。闲翻时，我发现了这些设计的一个规律：画面主体基本走两个极端，要么充满画面，利用超出其他参照物比例的"极大感"，带来视觉冲击；要么背景大量"留白"，主体明显小于正常比例，藏在角落里，给人一种低调奢华的味道。

以上种种，算是为平面宣传物的文字与设计开了个头。在这个艺术和心灵充分交融的领域里，外行能做的，就是平时多留意身边那些赏心悦目的画面，锻炼一双敏锐的、懂得审美的眼睛。这样，即使我们找外部广告公司帮忙设计，也能在众多备选方案中，挑出那个对营销最有利的主题。

第六章　从投诉中把生意做大

前段时间因一位同事工作变动，我帮他抽查了 8 通客服电话的录音。这其中还包括了被特别注明的，客户不甚满意的 3 通电话，希望我们部门给出建议。

戴好耳机后，我并未从头听，出于好奇，先从那 3 通电话开始了。本以为是一场唇枪舌战的激烈争执，或是无赖客户的百般纠缠，可眼看着播放器的进度条快走完了，也没听出有什么波澜。于是，我又调听了另外的 5 通，惊讶地发现，好像都差不多。问题来了，为什么那 3 个客户会反映为"不满意"呢？

我和身边同事就这一话题讨论起来，最后得出的结论是：可能是客户在通话结束，按"评价器"打分时，手一哆嗦，点错了。无辜吧，躺着中枪，但这个比例可能还不低。另一种情况，是客户对产品本身不够满意，错将抱怨转给了客服人员。在我试听的这几通电话中，就有客户在了解到我们的客服无法帮其查询一笔海外汇款的到账情况后，平静地放下电话，点了个不满意(各家银行客服都无法做此查询)。

第一节 “投诉”是怎么一回事儿

围绕“危机”是否可以预防这一问题，有两派学者一直争论不休。一派坚信，当然可以，不然怎么有“防患于未然”这一理论及其实务。另一派则认为，危机可能没法预防，不然凭美国可以上天入地的中情局，怎么没能把“9·11恐怖袭击”给预测出来呢？

客户的心，你别去猜

如果把每次投诉比作一次“小危机”，以上的情景让我想起了一位朋友遇到的一个故事：一天中午，她正打算外出吃饭，这时正巧结伴进来了三位女性客户。将她们笑迎进门后，得知是来开借记卡的，这位朋友就热情地帮忙填起了申请表。本以为10分钟就能搞定，可递给柜台后，却迟迟拿不到卡。于是，她到柜台前询问，得知这三人中的一位客户姓名，与系统查出的“高风险客户名单”正好一样。为了证明是同名同姓的巧合，柜员正在进行核对。

为了做到贴心，我朋友也顾不上吃饭，一直陪着那三位女士聊天，以打发无聊的等待时间。这故事讲到这儿，本来是一个平淡无奇的服务场景，接下来的很可能就是客户拿到卡，谢过我朋友，然后就离开了。是的，这些情节都发生了，然而结果，却令所有人意外。

第二天，我朋友一早刚到行里，就被行长叫住，问到了这件事。她满以为是来表扬她的，可没想到，行长在听完她介绍情况后，给她看了一条短信，上面是那位客户发给CEO的微信，基本内容有两点：一是支行服务效率低；二是员工衣着不整。原来是这位客户离开银行后，给CEO发了条消息，CEO转给了分行行长，分行行长又转给了支行行长，要求调查。

听到这儿，我有点困惑，几个疑问：首先，从当时的服务情况来看，并无什么瑕疵。那个不长的等待，也是监管机构要求的开户步骤。第二，从当时客户的表现来看，并未表现出任何焦虑或抱怨。第三，所谓“服务效率低”，打击了一大片，可这位朋友当天对她那么周到，客户难道没有感觉吗？何必连累她呢。你可能要说，这客户就是个神经病！那么请问，神经病怎么会有银行CEO的联系方式呢？并且CEO在第二天，就把这条信息迅速地转给了分行，说明他们关系应该还不错。那么，她的投诉动机是什么呢？

我想了很久，最后得出的结论是：这根本就是一次偶然但无法避免的事件。也许正巧那天这位客户刚和老公吵过架，外出吃饭时钱包丢在了餐厅里，开车时又与别人刮擦了。总之，各种不顺。而更巧的是，她可能在1个月前的一次高尔夫活动中认识了银行的CEO，晚宴时又正好坐在了一桌。本想利用这件事，和CEO热络一下，顺便以开玩笑的方式，发泄下心里的小不满。却没想到，引起了后续诸多连锁反应，以至于支行被要求整改，同事的考评也受到了影响。

还记得我们在前文中讲到的“不确定性”吗？同样，投诉的产生，就是这一定律的又一证明。如果你抱着因果思维，去找这些无厘头事件的原因，你会陷入一个令人抓狂的怪圈。这就像一个敏感、脆弱、惶恐的人，总是特别纠结自己的某句话，是否会引起别人的不快。每次看到别人对他的态度稍有变化，都会紧张，一阵回忆是不是曾经说过的哪句话有什么不妥。其实，别人压根没在意你说过什么，只是身体不适或心情不好而已。

一把双刃剑——投诉成本

讲到这儿，针对本章开篇提出的那个问题，你应该知道我的答案了吧。可你会问，投诉的产生，除了受客户变化莫测的心情影响外，还有没有别的诱发因素呢？有！主要可分为两类：机会成本和投诉成本。

根据亚当·斯密的“经济人”假说，每个人都是理性且逐利的。由此可以推出，一个正常状态下的人，在做一个决策前，都会先评估一下：干这件事划不划算。也就是说自己是否在成本可控的前提下，把这件事办成。

首先，投诉者会先判断控诉对象的可替代情况。比如在你方便的区域内，有许多家饭店，哪家服务不好，你可以转头就走，轻松转投另外一家。因为此时，你的选择很多，机会成本很大，所以你会特别在意自己的感受，稍有不爽，随时可以翻脸。而如果条件发生变化：在你方便的区域里，只有一家馆子，你自己又不会做饭。此时，商家处于垄断地位。在这样的情况下，你想发脾气时，就会考虑一下了。因为机会成本变得很小，你几乎别无选择，如果大家撕破脸，下一顿吃饭麻烦的人，是你！这就是机会成本对客户投诉行为的影响。

可是，在一般的商业环境中，竞争是非常激烈的，一家饭馆垄断一个区域的情况几乎不存在。因此，对于商家而言，我们对机会成本这一因素的控制力是很弱的。这就使我们的目光，转向另一个可以施加影响的因素——投诉成本。

如果像上例提到的那位客户，发个“微信”就能把事办了，那么大多数人会选择投诉，因为投诉成本几乎为零。除非你在按键前，一时动了恻隐之心。可是，假如投诉的路径变长环节变多，要鸣冤的渠道在外地，再给你整一个“上访办公室”什么的咋办？你首先得先去买火车票，到了目的地以后再花时间慢慢排队，误工费不说，还要掏钱住酒店。更重要的是费了这么大劲，问题能不能解决又是一个大问号。所以哪怕窦娥穿越到今天，估计也就作罢了。

这个结论似乎给了我们一种暗示，如果要避免投诉，增加“投诉成本”不就可以了吗？最终，客户自己会放弃这个念头，你看，一劳永逸，堪称完美。然而，听上去有逻辑的推理，往往不能作为我们行动的依据。**我们需要搞清楚的是，避免投诉不是目的，投诉事件的多少，与“体验度”或“满意度”之间也几乎没有任何关系**。最极端的情况是，生意一笔没有，自然也没投诉发生。

在这里，要提醒那些以为投诉量与公司效益呈反比的企业，我们的路走偏了。那些按键程序，通过设置复杂的步骤，客户大概要输入七八次信息，等待5分钟以上，才能勉强接到人工服务。好不容易接进去了，又被提示座席全忙，如果不愿挂机，就只能按"＊"号键抱着话筒听音乐。这一可能的后果就是客户直接放弃你了！

任何好的发现，如果不加以正确利用，就会像《西游记》中那群从天上来到人间的怪兽，为非作歹，一下子将"地气"接过了头，于是将结果引向了事物的反面。那么，如何理性地利用这个"投诉成本"，在客户诉求与公司效率间找到一个平衡点呢？我们不妨参考一下司法界在遇到这类问题时，会做出的一种制度安排。

一个案子，在法院开庭审理前，作为控诉方的检察官，可以和被告人的辩护律师进行协商，以检察官撤销指控、降格指控或者要求法官从轻处罚为条件，来换取被告人的有罪答辩，进而双方各退一步，尽快达成一项均可接受的协议。这个过程叫做辩诉交易(Plea Bargaining)。简单来说，就是检察官心里没谱，担心因证据较难收集，调查的人力物力成本过高，而与被告人讨价还价的一种折中做法。再通俗点讲，就好像检察官拍着被告的肩膀说：同志，你别揣着明白装糊涂，你犯了什么事儿自己心里清楚。我们其实已经掌握了你大量证据，但你也看到，我平时太忙，没时间继续陪着你玩，这么拖下去对大家都不好。不如这样，你配合我交代一部分案情，我保你从轻处理。这样大家双赢，你觉得如何？

这就是有趣的辩诉交易。它的产生，就是因为很多情况下，真相的获得实在太难。投诉也是一样，当你将客户发泄的门，简单粗暴地关上时，就等于表示：我不再继续花钱费力地了解情况。

可如今，互联网时代的到来，又将投诉成本，拉入到了极低的另一端。前阵子，上海几名法官集体嫖娼事件的曝光和相关涉案人员的快速落马，就是爆料人通过转换渠道，降低投诉成本后的一次成功实验。通过各视频网站病毒式的传播，一夜之间，事件主角人尽皆知，全民鼓掌称赞政府的反腐效率。

可是，我们必须提防，在这样一个投诉成本越来越低的现代社会中，一定有人利欲熏心地走入另一个极端，通过网络的关注度，对竞争者进行虚构事件的投诉。利用人们善意的“转发”和先入为主的习惯，抢先握住了舆论博弈的主动权。到最后，至于真相本身，可能已经没有多少人再去较真了。

在这样一个由心态左右的、被“投诉成本”牵制的客户行为里，我们最需要考虑的，不是如何热情周到地迎合客户，把他投诉的风险降低。更不是想方设法地去堵住客户的嘴，屏蔽他的声音。**而是要从资源投入的角度，找到一个了解客户诉求，并能量力而为地解决其部分困难的平衡点**。在下一节中，我们将就如何找准这个点，给出解决方案。

第二节　“泥腿子”的引火烧身——没事别惹事

根据产生投诉的“测不准”属性，在我们不确定做什么有效时，不妨先从不做什么入手——没事别惹事。通过提高风险意识，将投诉事件管理在一个可控的范围内。

禁区一：夸大宣传

李嘉诚常说：“做人比做事重要。”经营企业，若想长远，除了眼光和资源外，良心是永恒的主题。

记得在2013上海书展活动期间，“上海热线”对我进行采访时，主持人提出了一个问题：“如果你发现自己的产品有问题，你还会卖给你的客户吗？”我反问道：“你会劝你的亲戚大量服用有激素的药吗？”

事实上，我们很少把客户当亲戚，更多的书宣扬的是所谓的狼性文化、狩猎思想、效率精神。我们经常听到有主管将客户比作猎物，并挥舞着鞭子，不断指责同事不够激进和直接。

我自己就是一例，在刚毕业时，争强好胜，满脑子想的都是排名。后来，有朋友评价当时的我，开玩笑地说："你那会儿真是思维活跃，没条没框，为了业绩，几乎不择手段。"有一件事，至今想起都心有余悸。

我毕业后的第一份工作，是在上海汇丰银行做直销(Direct Sales)。这份工作，就是各显神通，满世界去找新客户。当客户在你的营销下愿意开户，则后续的相关操作，由理财经理完成。当然，客户日后的服务需求，自然会找始终坐在办公室的理财经理。我们几乎都在外面跑，找起来比较难。这样的合作模式，决定了理财经理对客户的挑选标准相对较高，因为后续如有不满或投诉，基本会冲着他们来。

万事开头难。刚入行时，我每天忧心忡忡，担心没客户。一个周末，我好不容易约到了一对年轻夫妇，不由喜出望外。到了理财经理的房间，我信心满满地为他们讲解，把一款美元 QDII 产品(代客境外理财)吹得神乎其神。此时，理财经理的表情已有些许变化，但又不好意思打断我。我全当没看见，继续疯狂地推销。没过一会儿，客户已经在问转账的细节了。在这个购买信号出现时，我心里暗喜：十有八九，这单是要拿下来了。

可就在这时，理财经理实在忍不住了，问了句："你们目前的资产状况是怎么样的?"我这才想起，对于这个客户，我连基本的背景 KYC(know your customer)都没做。结果客户说："我家一共就 40 来万，上有老母要养，下有孩子上学，但听你们讲得这么好，也想赚点钱，所以可以考虑去借 10 万，再凑上自己的 30 万，去购汇买美金，剩 10 万应对不时之需。"理财经理惊出一身冷汗，立刻劝其悬崖勒马，并将汇率风险、市场波动风险等一系列可能的因素强调了一遍。最终，这两个客户放弃了开户的念头。

当时的我，在那一刻愤怒到了极点。客户刚一离开，我暴跳如雷地大叫着，埋怨客户经理把煮熟的鸭子给放了。她本想和我讲这其中的道理，而我已情绪失控，重重地摔了门，头也不回地离开了；并发誓，再也不会搭理她。

当然后来，她成了我在汇丰最好的搭档与朋友。就在前几天聚餐时，我们还聊到了当年的这一幕。我无不庆幸地说："当时真是没一点儿风险意识，幸亏你及时把我拦住，不然后来美元跌成那样，这家人还不知道要来投诉多少次呢！"而她却说："在那一刻，我其实只有一个念头，就保护这个家庭。站在他们的角度，根本不适合花所有的钱，做一次高风险的赌博。**业绩少了还可以做，而良心没了，在自己这儿都没法交代。**"

如果说"夸大宣传"与"淡化风险"是慢性病，症状要假以时日，才会慢慢显现。而"自说自话"和"轻易承诺"的习惯，可能会在短期内，付出更大的代价。

禁区二：轻易承诺

我的一个朋友，在半年前终于买进了自己心心念念的宝马 Mini Cooper。可提起买车中的种种遭遇，她说真叫一个字：气！

在宝马的官方网站填好买车意向后，没过两天，就接到了当地 4S 店的邀约。她们一家开心地来到 4S 店，又是免费午餐，又是热情试驾。一下午时间，聊得十分融洽，于是当场下了单，签了合同，交了定金，并约好了提车的日期。

离店前，她特地和 4S 店接待自己的销售员确认了 2 遍总费用问题，她的原话是："我最终需要支付的钱就是 26 万的车价，1.2 万元承诺你们的装潢费，外加 7 000 多的保费吧？"在得到确定答复后，她们小两口决定出国放松一趟。临出发前，销售又来电话，确认了他们回国的时间，正巧就是提车的那天。

半个月的旅程很快就结束了，在提车日当天，飞机一早就准点降落在了浦东机场。她刚打开手机，就跳出了 3 条信息，都来自那位销售员。我朋友本以为是问候的短信，还挺高兴。定睛一看，是提醒她车价与装潢费可以刷卡，其他 2 万元各种费用需要现金。她的第一反应是：价格好像不对吧？不是说没别的费用了吗？怎么又冒出了“各种费用”。不过她也没太在意，简短地回复了三个字“见面谈”，就直奔4S店去了。

到了以后，首先发现爱车的发动机噪音有点大。销售员的解释说：“这个噪音是在正常范围内的。”这话就让人纳闷了，什么叫“正常范围”？是你觉得正常，还是有相关的标准说明？如果没有，是谁给你的权利，可以根据自己的理解，随意乱讲的？另外，这个说法本身也有漏洞：付同样的钱，凭什么我拿到的车，就要忍受这个所谓范围中的上限，而别人就可以开走一辆正常的车？

在僵持不下时，我朋友提议，不如比较一下试驾车的声音。结果发现，明显比她的那辆安静。于是，朋友表示：如果不给她换一辆，她就干脆不要了。这下，那位销售员紧张了，赶紧找来上级领导。经过一轮谈判后，4S店答应，马上为她换一辆，让她直接去财务交钱就可以了。本以为故事就这样结束了，却没想到，这才刚刚开始。

到了财务，工作人员给了我朋友一张费用清单，一共2万多，其中有一项是贷款手续费，9 700元。她回想起早上收到销售的那条短信，这才联系起来。难道是自己记错了？她忽然想起一个朋友和她一样，也是用宝马提供的分期付款方案，刚刚买了一辆Mini，就打电话去确认。结果证实，对方根本没付任何手续费。对呀，她忽然想到，此前宝马的网站中，不就是把“免手续费”，作为其金融解决方案的一大优势来宣传的吗？

她找来那名销售员，问其原因，没想到销售员却说：“这不可能，所有的客户都要交这笔钱的。”我朋友有些激动，大声问道：“那我当时和你反复确认还有什么费用时，你怎么没提到这笔收费呢?!”结果你说你的，他说他的，这位销售员始终强调，这是一个潜规则，人人都要交。

这时，展厅主管寻着争吵声，也摸到了现场。他安抚了一下我朋友，并询问发生了什么情况。我朋友把前因后果讲了一遍，指明该销售员没有尽到告知义务，并有故意回避的嫌疑。可令人不可思议的是，这位销售员竟气定神闲地打开手机，指着屏幕和他的主管说：“我从没说过不收贷款手续费，之前也把所有收费项目都发给了她，这不，写着让她带 2 万多的现金，她还给我回了短信。如果没包含贷款手续费，怎么会需要 2 万呢？”

这段话，彻底把我朋友激怒了。这简直就是一个睁眼说瞎话的骗子嘛，更可恨的是，他还骗得如此淡定。这时，主管出来打圆场了：“算了算了，大家别伤了和气，这里面可能有点误会。这样，按我们这里的最低价，就交 2000 元算了。”

“2000 元算了？呵呵，有没有搞错！如果我一进来你们就说 2000，搞不好我还真傻乎乎地交了。怎么一较真，你们就能少 7700 元呢？你们收的这笔费用，宝马公司到底知不知道？”说着，她拿起手机，拨给宝马的全国客服热线。

这下，那位主管也有点慌了，赶忙跑过来说再商量一下。我朋友冷笑着说：“其实我这个人平时挺好说话的，如果不是那个销售员在一开始向我许诺没有其他费用，在露出马脚后，又用卑劣的手段，改口谎称告诉过我，我也就算了。但就凭你们这个销售员的信口雌黄，这本身就是对我的侮辱。我可以明确地告诉你，今天，我一分钱都不会交，而且，我要正式投诉这名销售员，要求你们公司对其进行处理。”

主管一看这情况，赶紧赔礼道歉。是啊，你还好意思说啥呢？因为销售的愚昧，潜规则中那最低的 2000 元收不到是小事，关键是把公司的信誉搭上了。客户的体验一塌糊涂不说，她身边有几个本打算在这家店买 Mini 的朋友，听完这事，也都被吓跑了。你看，为了眼前那一点点利益，这家店没事找事，赔了夫人又折兵，完败啊！

“泥腿子”具有良好的试错精神和执行力，但有时正因为目标性过强，容易剑走偏锋，形成“宁愿我负天下人，不可天下人负我”的极端性格。如果不加以正确引导和适当约束，在营销的队伍中，就会像一颗破坏性极大的定时炸弹，不知什么时候，给组织捅出一个大篓子。方法的东西好解决，而性格的问题却难改变。或许非要等他们亲身经历过，才能体会其中的滋味。百

炼成钢，当“泥身子”在社会的百味真火中炼出金刚不烂之躯时，才会真正明白：不给自己找麻烦，是一件多么需要智慧的事儿。

第三节　“不打不相识”——有事别怕事

曾有一个社会学家做过一个调查，随机采访了身边的100位夫妇，了解他们在相识之初，是什么原因走到一起的。结果发现：15%是彼此一见钟情，相互吸引；55%是某一方很有感觉，特别来劲，穷追猛打，结果另一方慢慢被感动，终成眷属。而剩下的30%，竟然是一开始彼此互看不爽，甚至还起过激烈冲突。但随着这些摩擦，两个人之间的接触变得具体而透彻，反而戳破了彼此礼节性客套的隔膜，产生出一种奇妙的新鲜感。正是这种感觉，让他们重新认识了对方，并孕育了他们后来的爱情。

同样，对于那个不知从哪儿冒出的一个客户，在向你抱怨时，你怎么知道，这不是你与这位客户谈的一场“恋爱”的开始？

何惧抱怨

我的一位信基督的朋友，曾向我讲述过一个他亲身经历的故事。

他在一家欧洲留学机构工作，差不多每年都要出差去一趟去英国。而2012年那次有惊无险的经历，给他留下了深刻的印象。

那次5天的商务行程，主办方安排得井井有条，项目取得了预计的进展。在顺利结束了最后一天的会议议程后，他早早地回到酒店休息了。他是一个细致的人，早在出国前，就已订好了荷兰皇家航空公司的返程机票：中午12点从伦敦起飞，下午2点左右达到阿姆斯特丹，稍作停留后，3点40分再从阿姆斯特丹飞上海。

由于最后一晚住在机场附近的酒店，第二天上午9点，他就已经抵达了希斯罗机场的海关出境处。办好出境手续、换完登机牌、通过安检后，一看时间，才 9 点 40 分。虽然到得有点早，但他看到机场越聚越多的人群，开始庆幸自己避过了高峰期。为了打发时间，他一人拖着行李，在这个欧洲最繁忙的机场四处闲逛。

无论是电子卖场、钟表行还是珠宝店，这里的繁华，吸引着每一个路过的游客。不知过了多久，他心里一惊，猛然发现已经 11 点 45 了，但好像一直没听到自己航班的登机提示。于是，他赶紧跑到服务中心询问，这一问才大惊失色，自己的航班已经停止检票了。一个不小心，他竟然把国际航班给错过了。

那一瞬，他脑子一片空白。缓了几秒钟后，他的第一个想法是赶紧问问下一班飞阿姆斯特丹的航班是几点，如果在 1 个小时内还有的话，或许能追上 3 点 40 分回上海的那班。现在，最迫切的就是和时间赛跑。可摆在他前面的第一个困难，就是他已经办理完海关出境了，要回到航空公司柜台，又需要先办入境手续。可朝"入境处"方向一看，黑压压的一大片人，这要是去排队，起码大半个小时，黄花菜都凉了。

还好，他英文不错，曾在全省英文演讲大赛中获过奖，这下全用上了。在和海关人员简单交涉后，他们用对讲机叫来了荷兰皇家航空的工作人员。讲明情况后，这位工作人员为他申请了绿色通道，绕过人群，直接把他带到了"天合联盟"("荷航"为三大航空联盟中的"天合联盟 Sky Team"会员单位的服务专柜。

可不幸的是，经过查询，最近的一班飞阿姆斯特丹的荷航要 1 点 30 分起飞，不能保证可以赶上到上海那班飞机的起飞时间。我朋友此时已心急如焚，开始抱怨航空公司没有及时在广播中喊他名字。

面对抱怨，"天合"的员工诚挚又耐心地回应道："先生，我们十分理解您的心情。您先不要急，稍等片刻，我们正在整个'天合联盟'的所有航空公司中，为您查找返回上海的最佳补救方案。"话音未落，一瓶矿泉水已经递到了我朋友手中。

两名工作人员边查边讨论，还按了几下计算器。五六分钟后，他们给了我朋友两个选择："如果您不介意更换航空公司的话，我们查到意大利航空有一班将于下午1点50分飞往上海，但中转罗马的时间比较长，要到晚上9点才能再次起飞，到达上海要到第三日的下午2点。同时要提醒您：罗马的机场比较小，候机时可能会比较无聊。另一个选择是法国航空下午4点的一班，中转巴黎，你到达巴黎的时间正好可以赶上吃晚餐。虽然这趟航班要第二天早上才从巴黎离开，但仍可以在同一天到达上海。另外，您还能在这个浪漫之都度过一个难忘的夜晚。"

"那如果走巴黎，费用方面怎么算呢？"我朋友有点心动。

"这点我们已经帮您考虑到了，由于都是联盟内成员，您已支付给荷航的费用，我们会帮您整体平移至法航。您当时买到了约5折的折扣票，而法航在该航段的票价稍贵，已帮您与之协商，只需补60欧元的差价即可。另外，关于你在法国当晚的住宿问题，我们已查过您卡内的积分，可以兑换一晚当地4星的住宿。所以，您可以免费在巴黎过夜，正好也放松一下。您觉得怎么样？"

服务做到这样，谁还能拒绝呢？我朋友一想：毕竟一开始是自己的失误，还冲着人家乱发脾气，结果商家不仅没和你脸红脖子粗地争谁是谁非，没有急着划清责任，而是动用一切资源，不厌其烦地帮你想办法：既为你协调航空公司，又替你想到可以免费住店的小福利，还把费用和时间等成本都帮你算好了。此行能遇这等贴心的服务体验，夫复何求呢？

能达到这种水平，首先靠的是专业技能，比如工作人员在看到这位心急火燎的乘客时，能否快速理解客户的需求，能否熟练操作系统查询航班信息，能否找得出最适合客户的行程与费用组合。而在这个故事中，更具启发意义的，是在面对突发事件时，"天合联盟"员工的这种开放的、实在的、专注的心态。**抱怨本身并不可怕，可怕的是我们在面对问题时，心中的那种被动的、抵触的、希望快点结束的焦躁**。结果往往捉弄人：你越怕什么，越来什么，躲是躲不掉的。

敢于突破心理上的不安，而直面抱怨或投诉，是我们走向成熟的第一步。而能化干戈为玉帛，借不满交朋友，则是更高的一种智慧。

争取每一位可以争取的人

Ritz-Carlton 酒店，一个创造了人均消费 120 万美元神话的企业。120 万美元，这是一个什么概念？按每间客房 500 美元一晚的标准计算，消费 120 万美元需要在这儿住 2 400 晚。假设每个月都来这儿住 2 晚，要连续住上 100 年。他们究竟是怎么做到的呢？先从一个处理投诉的例子说起吧。

曾有一对夫妇带着 2 个 4 岁大的孩子度假，住进了这家酒店。晚餐时，这两个小孩相互追逐，兴奋地抢着玩一个刚刚买到的毛绒玩具小狗，嬉笑声不绝于耳。由于担心影响到隔壁客人的用餐，在几次提醒孩子无效后，女主人索性没收了这只小狗，并将其交给了一位餐厅服务员，拜托他代为保管。

就在他们酒足饭饱，打算离开时。餐厅服务员却发现，那只小狗不翼而飞了。这下，那 2 个小孩子不干了。憋了半天，就是为了赶紧吃完饭，回到房间和他们宠物玩，咋说没就没了呢。眼泪顺着他们的脸颊倾泻而出。家长一看到孩子委屈了，也来了脾气，除了指责那位服务员外，还投诉给了当晚的值班经理。

经理立刻向客户致以了歉意，并当场承诺：如果到明天中午他们离店时还找不到那只小狗，这次的房费就全部免掉。有了这个条件，夫妇劝了劝孩子，就带他们回房间休息了。而酒店的“大搜索行动”才刚刚开始。

经理把这只玩具狗的下落当成了头等大事，火速召集了各部门通报了此情况。要求所有人下班前，各自负责一片区域的查找。并安排了 3 名员工，对着几十台摄像头吃饭期间近 2 小时的录像进行一一排除。很快，他们通过监控发现，服务员本来把它放在了靠近厨房的一个暗格里。可不知从哪里溜进来的一只猫，将它偷偷地叼到了一处水池边。

总算找到了！大家终于松了口气。故事发展到这儿，一般人会把这只毛绒狗拿起来拍拍灰，最多冲洗一下，然后第二天以胜利者的姿态，得意地还给那两个孩子。可这家公司考虑问题就是与众不同，他们决定，以一种特别的、有趣的方式，归还这只小狗。

他们先将它摆在餐桌上，做出刚来时进餐的样子。然后把它依次放在钢琴前、厨房间、水池旁，对各个场景进行拍照，随后打印出所有的照片，并为每张照片配上一段情节文字。最后，将照片装订成册，起名叫《小狗历险记》。

第二天，当经理亲手将失散一夜的小狗，连同那本精心准备的照片集放到客人面前时，这对夫妇几乎不敢相信自己的眼睛，那两个小朋友更是直接惊叫了起来。经理笑着说道："昨晚的事情，是我们酒店管理的重大失职，真的万分抱歉，恳请你们的原谅！这本照片集，是我们全体员工的一点小心意，希望孩子们能喜欢，也算留个纪念。另外，虽然找到了小狗，但我们决定，还是免去你们一家昨晚的住宿费用。希望您以后出游时，还会想起我们，选择我们的酒店！"

此时，这对夫妇的眼眶不觉有些湿润了。他们万万没想到，会有如此的惊喜与感动。后来，这对夫妇成了他们的铁杆粉丝，还办了会员卡。无论旅游还是出差，只要当地有 Ritz-Carlton 酒店，他们一定不会选另一家。我想，换作我们，经历了这样的故事，只要经济条件允许，应该都会和这对夫妇的选择一样吧。

我们或许永远都不知道那个最忠实的客户是谁，但我们能做的，就是开动脑筋，尽量为客户留下不一样的体验。而从某种角度来看，"投诉事件"的发生，恰巧为我们试图创造的那种不一样的体验，提供了更多的机会。这就像本章开头所分享的那个调查：当我们具有了"团结一切可以团结的力量"这样的气魄，并能有意识地从摩擦或冲突中，去发现可以提供差异化服务的突破口时，我们就有机会"垂死病中惊坐起"，去获得那"化腐朽为神奇"的惊人力量。

第七章　狂奔中的“燃油宝”——营销支持

每次去中石油或中石化加油站，刚把油嘴对准油箱，就有他们的员工上来招呼：“先生，要不要加点燃油宝？”

刚学会开车时，我几乎都会摆摆手，对这种花里胡哨的瓶瓶罐罐不屑一顾。你长得再漂亮又怎样，你又不是油！后来，参加了几次4S店举行的活动，慢慢对车的保养有了些概念：要想跑得久，你得花点心思关爱它，于是“燃油宝”出现了。它可以帮你在加满油后的一路狂奔中，自动地提高汽油的燃烧效率，并能减少引擎的磨损，降低排放。

营销也是一样，**我们不是在进行一次“毕其功于一役”的战斗，而是一场与客户同行的马拉松**。在这个长途跋涉的旅程中，你离不开“士力架”和“加多宝”，它们为活下去提供了物质保障；你离不开医疗队，他们默默守护，时刻准备着应对不时之需。你也离不开指南针和计时器，它们精确地修正着你的运动轨迹，并忠实地记录着时间等信息供你参考。

本章，我们就来看看，这些传统印象中“非主流”的工作，对我们的营销产生了哪些影响，我们对此又该如何加以引导和利用呢？

第一节　“让数字说话” ——你的报表可以更具杀伤力

有读者会问我：报表这东西真有说的那么好吗？在我们公司里，表做得再讲究，几乎是没人看的。

想想这话，似乎有点道理，但请你回答我三个问题。

第一，如果没有报表，如何衡量公司的KPI进展？换句话说，怎么知道自己跑到哪儿了？连米粉店的老板，都会常备一个小本子，记下每碗面的销售额。晚上回到家，点根蜡烛也要算算，再卖几碗，这个月就能回本赚钱了。

第二，你的这张报表，和每个人的提奖、考评等切身利益是否直接挂钩？好多时候，员工表现的认定，与你出的报表没太大关系。这可能是两种情况导致的：一是这家公司管理混乱、虚设规则，在评价一位员工时，表面上靠数字，实际全是老板一个人说了算，由此不可避免地受到其主观情绪或偏好的影响。二是报表结果不能直接指向KPI，报表内容与游戏规则就无法匹配。比如根据KPI的考核办法，一位同事自己一算，已经得到了80分。而此时，你因为上级的摊派项目，下达了一个阶段性的任务，并形成了一张报表。你认为销售会去认真研究这张报表吗？虽然这个任务，也能部分地提高他们的KPI，但这只是员工的一个选择而已，他们完全有理由选择自己认为更容易产出的方向。事实上，从你的出发点开始，就已经和大规则产生了背离。

第三，所谓没人看，这其中是否包括你自己？在报表可以反映KPI的前提下，如果作为管理者的你，都没有研究报表的习惯。那么，员工会把你的态度，当成是一种信号，从而产生各种猜测：你是不是不在乎大家业绩了？你是不是快跳槽了？可这些疑问又不能找你证实，因此，一部分业绩较差，平时就在混日子的人，一下获得了新生，干脆不做业绩了，更别说去看那些报表了。

因此,我们重新回头,再来看看“报表”这件事。是真没用,还是我们没学会怎么用。

报表——KPI 的语言

一张好的报表,首先一看就让人觉得“舒服”。

不就是一张报表吗,有必要搞这种形式主义吗?坦白讲,我最早也觉得有点多余。可之后看过专业的,审美水平就不可逆转地提高了。现在再见到那些责任心差或没经验的人做的报表,就会很难过,忍不住要挑挑毛病。

报表的第一层意义,是作为 KPI 的“语言”而存在的。

第一章中已提到,KPI 背后反映的是企业的战略思想。可这个思想,不是员工们一看到这几个指标的名称,就能立刻理解的。每项指标究竟长成啥样?对员工努力的反馈灵敏度有多大?为什么一项指标普遍较好或普遍不好?这些问题,都是可以在系统“跑数”后,经过一定的加工,从形成的报表上读出来的。因此对于主管而言,这张表,几乎就是他们理解业务发展状况的全部。为了使管理层能够不用皱起眉头,就快速理解报表的内容,可以从以下几个细节入手,提高这种“语言”的准确性与生动感。

先说说报表的“标题”。好多人会说:这不是小儿科吗!把这张表要反映的内容起个名字,在第一排放上不就结了吗。当然,一个夺人眼目的标题,字体也要比正文内容突出。可遗憾的是,我们常常会忽略看这张表的人的感受。

假设一位高管平时很忙,桌头上摆了许多张报表等着他看。这时,你将一张报表递给了他。可他仅扫了眼标题,长达 20 个字,还没看清内容就已经觉得烦了。于是,很可能出现的情况是:当你转身离开时,他毫不犹豫地将这张纸塞进了一摞报表的最下面,甚至可能再也不会翻出来看了。

那么,如果把标题文字压到 10 个字左右怎么样?字是差不多了,可要看你怎么组合这几个文字。举个例子,你想展示销售部2013年的人均创利情况,可以写成“2013年销售部人均利润排名表”。虽然已经比较清楚了,但还有更一目了然的表达。在这句话中,“人均利润”是关键字。按第一种写法,老板要读到第7个字,才能看到这4个字。如果改成“人均利润——销售部2013年”,可以让人马上捕捉到报表的主题。绝大多数报表一定是以“2013年”等年份开头的,审美疲劳也是管理层直接屏蔽这类报表的一个原因。

标题栏中,还应该标注出这张表上相关数据的生成时间。注意,是“生成时间”,而非报表的制作日。因为我们做报表的时间,通常会比数据源的生成日滞后,这不仅受我们自己时间安排的影响,也受系统能力的限制。对于一个大型企业而言,底层海量基础数据的汇集,本来就需要一个时间,也就是我们常常听到的系统“跑批”时间。**数据只有加上了时间的标识,才有意义**。所以,我们必须将这种严格的对应关系,准确地在标题中加以注明。也有人问:在给老板或员工发的邮件中注明日期不就行了吗,干嘛在表头也一定要写呢?原因很简单,当有一天我们需要查看历史数据时,狂翻邮件,却发现不小心被删除了。再去硬盘上找当时存下来的报表时,悲催地发现,上面竟没有日期,这下傻眼了。我就遇到过这种情况。

另外,如果整张报表中的数据都可以使用一个单位,或主要是一个单位时,应该在标题栏中,统一写上“单位:* *”。我遇到过许多报表,明明可以用这个方法一次性表达,却在每一项名称的网格中,都写一遍单位。结果,因为字数,把网格撑得很长,十分影响美观。

表格中,文字与数据的显示,是影响美观的另一重要因素。一般而言,字号如果超过“四号”或“12”号大小,就会让人感觉不够精致。字体设为“宋体”,会显得有些呆板。而改成“Calibri”或“微软雅黑”,看上去就柔和灵巧很多。对齐方式也有讲究:项目名称等文字,通常采用居中对齐。各种数据,则采用靠右对齐方式,并在“单元格格式设置”中,用“千位分隔符”修饰。

另外需要检查的，是所有单元格的格式需要一致，字与字或字与单元格起始位置间，不要有意外键入的空格等字符。如果不注意，会在后续你通过公式调用这张报表数据时，因定位不准而造成数据错误，给自己带来很多麻烦。

看到这儿，是不是有一种普及微软 Excel 常识的感觉？这里，我只想简单提供几条最常见的技巧。方法还有很多，但目的只有一个，就是使整张表一看，像一支装备齐整、纪律严明的军队，有整齐划一的秩序感。

报表——决策的推手

报表的第二层意义，是为决策直接提供分析后的数据支持。

系统所生成的，是一些无序的、离散的数据，其本身对营销是没有什么帮助的。但经过处理的报表，则是根据我们的某种逻辑，将数据进行了分类和重组，把碎布变成衣服的过程。精良的布匹，只是做衣服的第一步，而款式风格的优劣，则完全由设计师的眼光决定。**一张好的报表，不仅整体看上去要"整洁"，更重要的是通过变化其数据的排列组合，使这些不会说话的信息，可以从多角度，有侧重地释放出不同的信号，从而为决策者提供最直接的参考。**

工作中，常遇到有同事做好了一张报表，确认了数据的准确性后，就直接发给了销售人员。可拿着这张表一看，却搞不懂为什么员工姓名在报表中是这样一种排列。于是请教"表妹"，问道："这张表上的人，是按什么顺序排列的？"可人家理直气壮，回答得很潇洒："没啥顺序，排名不分先后。"

这么重要的数据顺序，怎么能不分先后呢？人家电视上读串干部的名字，好歹也要注明，是按姓氏笔画排列的。我们严肃认真地做张表，却可以没顺序地随便排？这不便宜了那些潜伏在营销队伍中的"南郭先生"了吗！

在 Excel 中的常用选项里，"数据"项的下拉菜单中第一个功能就是排序。针对同一类型可比较的数据而言，一旦进行了排列，便可极大地提升报表的杀伤力。

大家应该有所耳闻，现在的中小学补习班，生意都特别好。去年十一回四川老家，遇上正读高三的表弟，高高帅帅的，可就是瘦得厉害，“压力山大”！和我们聚餐吃了一半，就赶去补习班做题了。我好奇地问：“你成绩不是挺好吗，怎么也去补习啊？”他一脸郁闷地说：“没办法，为了更好的排名，再坚持半年吧。”

教育改革进行了这么多年，什么“情商教育”、“能力教育”，都已渐渐深入人心。可有一个制度，却似乎从未根本改变，这就是“考试制度”。有考试就有排名，这没完没了的排名，应该说是应试教育中最耐人寻味的组成部分。为什么几千年来能一直保留？好用！当你每次把一群孩子的名字，按分数排个三六九等，挂在一进门就能看到的墙上。一开家长会，父母之间还会对着这张表指指点点，面面相觑，你说这能让小朋友不紧张吗？

如果说考试制度不合理，那指的是考试内容或规则不合理，关“排名”什么事？排名只负责忠实于一种规则，并客观记录下其运行情况罢了。当然，这只是多种数据分析中一种常见应用。对于纵横交错的各种数据而言，经过进一步“加减乘除”的运算加工后，又会出现各种如“完成率”、“覆盖率”、“转化率”等分析结果，为决策起到更为直接的推动作用。

报表，可以是卓越员工的光荣榜，也可以是落后员工的刺骨锥，关键看我们怎么用。

第二节　不是“我”，是“我们”
——团队的定位与协作

在几乎所有的大机构里，都存在一个似乎永远无法解决的问题：部门间权责边界的模糊化。换句话说，一个部门工作成果的评价标准，是一件特别难以说清楚的事。为什么呢？很简单：企业的成长，是各部门间通力配合的

结果，不存在“你的”、“我的”，一切成果都是“我们”大家的。

一位深藏不露的接力棒选手

“一切成果，都是我们大家的。”说得真好听！是不是有点耳熟？这好像是老板安抚下属时，最惯用的手法。你说这太虚伪了吧，其实也不一定：在教会或是某些NGO组织中，这是有信仰基础的。可在一个充满竞争、以盈利为目的的商业丛林中，每个人都为保卫饭碗而绞尽脑汁，稍有不慎，就可能会被踢出局。那么，怎么在这场内部的零和博弈中，向老板输出自己的价值呢？方法只有一个：在放大自己这一链条作用的同时，尽量“卖空”对手的“价格”。这几乎就是每个大企业里，各部门间天天都在循环上演的一出闹剧。

但这幕戏的开场，往往是温暖的，有时甚至令人感动。不是为了迎合观众对于婉转剧情的需要，而是合作的初期，部门彼此都需要通过一定的付出和配合，来换得对项目或方案全貌的了解，并由此定位出一个自身参与的落脚点。有了这个定位后，接下来，几乎很自然地，他们会出现一个思想拐点：在这个众多部门协作的接力赛中，尽量证明我这一棒对比赛结果起到了关键作用。

比如，一个训练中偷懒、一身贼肉、轻度脂肪肝的小A，收到了一场比赛邀请。他的思想斗争可能是这样的：首先，比赛硬着头皮也要参加，不然在队中永无出头之日。可现在赶紧去健身房玩跑步机？见效太慢。指望现场超水平发挥？不太可能。可如果表现不好，一圈跑下来被教练换掉咋办？这时，一个有些冒险的想法，在他脑中孕育而生：不如在交接棒时，故做手脚，制造一个因为配合不够默契，而使接力棒落地的假象。这样，对团队虽然不利，但哪还管得了那么多，至少对于自己而言，是一个万全之策：将自身速度的问题，巧妙地转化成了队员间的配合问题，混淆视听，让教练觉得下一棒队员没接住，也有责任。哪怕各打50大板，也赚了！

此时，看台上的观众远远看去，只见两个真假“美猴王”因为掉棒的原因，争得不可开交。于是，一定有正义之士，大彻大悟地说：哎，都是一个队的，大家这是何必呢！可劝过之后，又有谁还会对事情的真相保持热情呢？更可怕的是，如果教练在这个时候受身边人的影响，形成了一个观念：这类失误，主要都是下一棒选手的接棒动作引起的。那么，此后再有这类接力比赛时，那些纯朴憨厚、一心只想赢得比赛的选手，还有谁敢做接棒的那个人呢？

为什么这也属于营销支持的范畴？因为一个健康的、让人心里没有疙瘩的工作氛围，本身就是一种生产力。然而，这种氛围，可能只存在于理想世界中。企业部门之间的争斗，就像这两个接力队员一样，从来就没有停止过，特别是在销售部、产品部、渠道部这三者之间。甚至，在一个合作项目启动没多久，他们就已经在为失败准备退路了。

这三个部门“互掐”的基本形态是这样的：报表一出，产品部因产品滞销，抱怨渠道部不给力，无法提供有效渠道来推广这些产品。渠道部一听，立马将责任推给销售部，抱怨他们人员能力差，不会卖东西。销售部愤愤不平地表示：就靠这臭了街的产品和点头之交的渠道，你当我们的销售员都是赵本山啊！

这有点儿像房地产开发商：拿到一块地，除草平整后，盖起了商品房和店铺。然后招商引资，完善配套。最后，进行销售宣传，等待收钱。结果一段时间后，发现资金回笼很慢。于是，各部门坐下来分析原因，一阵七嘴八舌后，老板出场总结陈词，结果销售部门被骂得最惨。

这是一个普遍存在的现象，谁让这个部门的名字就叫“销售部”呢！可在这本书里，我想替它稍微说两句话：在绿林好汉可以横刀立马的冷兵器时代，对战斗结果，几乎依赖于个人的拳脚武功。可如今，一个孱弱不堪的人，只要他手上有把枪，你就是泰森，恐怕也得绕着走吧。随着互联网的迅猛发展，客户选择商品的方式，正在悄然发生着改变。**那些整天埋头满大街跑**

的，或许业绩还赶不上在家吹着空调上网的。拼命，已不再是获得营销成功的唯一方式了。产品的创新与渠道的渗透度，正逐渐从幕后走到了台前。

别让"挑食"或"厌食"的人离开我们

前几天，和太太的一对在新西兰做贸易的朋友吃饭。正巧，我女儿的奶粉就是从他们那儿买的。

席间，我向他俩请教了不少贸易方面的问题。他们介绍了公司的采购方式、纳税策略、售后服务等诸多方面。不过，令我印象最深刻的还是讲到我的老本行——营销的时候。在乳制品这样一个竞争十分激烈的领域，我很好奇，他们是如何拿到订单的。本以为他们会讲许多与客户谈判的艰辛，可没想到的是，无论在与香港客户所进行的 BTB 批发业务，还是与大陆客户所做的 BTC 零售业务这两个方面，他们均不认为销售过程本身有多么困难。而重点提到的，却是对淘宝和阿里巴巴这两个网站的运用。

我开始还有点不敢相信，不断暗示说："你们一开始，应该还是很艰辛的吧！公司没招几个销售？他们是怎么营销的？"后来才知道，人家的玩法早就变了，几乎是把所有资源，都用在了渠道上。产品是向生产商采购来的，销售是靠在网上的广告宣传和在线支付直接完成的。唯一需要动脑筋的就是如何同淘宝这个渠道深度合作，利用这个平台所吸引的客户，实现跨地域的贸易。当问到他最大一单生意是怎么来的时，他不无兴奋地告诉我们，还是在阿里巴巴上。买家通过系统的自动筛选和排序，找到了他们。一次定了 3 个集装箱的货，单笔就净赚了 40 多万。

任何变化，总是在旧规则里那些既得利益者的掩盖、挣扎与拉扯下，缓慢被人们所了解的。对于企业而言，这个过程，销售部门有时有苦说不出。也难怪，当企业为"活下去"而苦苦挣扎时，销售部很容易成为众矢之的。

比如我们看到一个小男孩面黄肌瘦，父母为了使他营养均衡，要求其不准挑食，什么都得吃。如果再遇到有点强迫症的家长，规定每天必须吃 100

克萝卜、200 克白菜、300 克茄子、400 克牛肉……一开始，小男孩儿年少无知，照做了。虽然心不甘情不愿，可他无力争论。

可人都会长大的。有一天，小男孩上高中了，进入了叛逆期，有了自己的主见。这时，他只需反问一句话，就能让你哑口无言："我现在身强力壮，不喜欢吃的凭什么还要吃？我的身体我做主！"对呀，他是成年人了，他会反过来挑菜了。

在企业中，这些提供产品或渠道的部门，就像这一个个"厨子"。在厨子与食客这对相互依存、又争吵不休的恋人关系中，分歧的根源是大家的出发点与价值诉求从一开始就完全不一样。

对于产品类的部门而言，他们推出的某一款产品，就是他们工作的全部内容了。他们研发的某一款产品卖不好，仅意味着这款产品没让公司赚到钱，而这对于承担盈利压力的销售员而言，只是产品货架上的一个选择而已。同样，对于渠道类的部门，他们也迫切地希望证明：自己维护的渠道是最有价值的，并从该渠道向下的业绩中，不断地搜索可以证明其贡献的依据。可所有这些，对于销售员而言，似乎又是徒劳的：我完全可以不依赖你的某个渠道，仅凭老客户的转介绍，即可完成考核指标。

无论他们各自心里打着怎样的算盘，公司盈利的大目标，是始终不会改变的。在这样一个外部环境剧烈变化，而内部又有"边境领土争端"的组织里，我们或许能获得这样一个启示：当第一个从业绩上挑不出毛病的员工，跳出来"倒逼"产品部或渠道部时，这可能意味着，一个企业内部组织结构转型的机会已经悄然到来了。

还记得上文提到的那个小时候瘦弱，后来强壮了的青年吗？在面对一桌菜肴时，他不再只关注于是不是有营养，还开始在意是否合胃口了。这种需求上的转变，正广泛地出现于各行各业的营销过程中。对于产品或渠道这些"做菜"的人来讲，不论你愿不愿意，都到了提高"厨艺"的时候了。因为只有这样，才能保证你的"食客"，不会轻易因"厌食"而被饿死，或因"挑食"

而被别的“店家”抢走。这让我想起了电影《双食记》中的那句经典的台词——“管住男人的心，就是要先管住他的胃。”

第三节　让这样的“潜规则”大行其道——文化的应用

“潜规则”这个词，自诞生之日起，就是用来形容那些垂帘在后，见不得光，不是白纸黑字写下来的，但又似乎约定俗成的某种规则。大多时候，我们提到它，都隐含着一种情绪：无奈、鄙视或是麻木。

而在这里，我们只希望将“潜规则”这种生长于组织内部，不需要任何名分，仅凭一股润物细无声的渗透力，就能对结果产生敲骨吸髓般影响的力量。这就像一个部落打野兽，谁跑前面，收获的时候，你就多分块肉。合不合理先不论，但大家心知肚明，没人会对此提出异议。这种不成文的“契约”，在形成员工共同信仰方面，比什么“红头文件”效果好得多。

“潜规则”一旦形成，其后期的形态，可能会出现两种变化：一种是变成“真规则”，也就是从“影子部队”升级为“正规军”，进而冠冕堂皇地推出所谓的标准化流程 SOP(Standard Operating Procedure)。另一种就是放弃对表面虚荣的形式追求，在“幕后大佬”的角色上越走越远，最终，形成可以秒杀一切的“文化”。如果你是老板，会将“潜规则”引向何方，相信大家心里都有答案。

“潜规则”之沟通机制

假设你的选择是后者，那么围绕提高营销管理的效率，你打算从哪儿入手，来建立第一个“潜规则”呢?

首先，我们要分析一下，销售队伍的时间，主要被浪费在了哪里？还记得在前文中，我们从个人对时间的利用能力这个角度，找到了一些避免浪费时间的方法。而在一个大企业中,不是你想提高效率,就一定可以做到的。很多时候,恰恰是组织内一些“潜规则”,无形中降低了销售对时间的支配力,从而影响了企业盈利。

沟通机制,就是这样一个易被忽视,却又无处不在地影响着效率的“潜规则”。没有哪家企业会在自己的内部操作章程中,繁冗地列出10件需要写邮件沟通的事、10件需要打电话沟通的事,以及做不到如何处罚之类的规定。第一,不经济。因为制度一旦定了,就要检查执行的情况。而一检查,就要付出人力成本,特别是在这种琐碎的事上。其次,也很不人性化。这不明摆着把员工当机器人使唤了吗,人家爱用邮件还是电话,你管得着吗!

那么在面对一个实际问题时,我们彼此的沟通方式,究竟是如何影响我们效率的呢?不同企业,受文化的影响,其实有着很大的不同。

比如在外企,一个新员工从入职第一天就会发现,大家沟通一件事,基本是靠邮件。这其中有两个主要的原因:首先,在一个相对竞争的环境里,人与人之间的信任感其实是比较低的。每个人都担心,口说无凭,万一这事儿之后出点岔子,对方一不认账,责任要自己背。有邮件为证,心里踏实很多。再有,在很多外企中,老板对下属工作的了解,很多来自于邮件。如果一个员工对外的邮件沟通,每次都不忘抄送老板。虽然他的老板多少觉得有点烦,内容也不会细看,但对你的印象,至少认为是踏实肯干的好同志。有什么不好?就算有,也是技巧层面的问题。

可许多先进的发明,如果用错了地方,反过来是会破坏效率的。比如这个最广为流传的E-mail,一项多么伟大的科技创新。本来是用于降低因路途遥远,朋友间联络所产生的时间成本。现如今,企业中的两个人哪怕中间就一个玻璃板,坐着都能相互看到,也要兢兢业业地点开一个“新邮件”窗口,苦苦斟酌半个小时的措词,再恭恭敬敬地落上款,发送给对方。更有洋铺子规定,必须写英文。这下难坏了那些只会考试的“学霸”们,本来背背题还算擅长，这下要斗智斗勇地玩英文写作。于是，他们先用中文写好，再上网到处查句型，好不容易拼了一篇“散文”出来，一个小时过去了。更可悲的是，收到邮件的那哥们儿英文也不是太好，用“金山快译”把你的东西翻译后，再连猜带蒙地理解你的意思，又过去了15分钟。

这是何苦呢！本来当面沟通，5分钟就能解决的事，非要用“现代工具”，转上1个多小时的大圈子。可没办法，这就是“潜规则”。你不爱用邮件，可别人都用，于是在这样的企业中，你就成了异类。别人嘴上不说，心里也会鄙视你：这人水平也太差了吧，连邮件都不会用。

可是如果换成某些国企，情况刚好反了过来。业务部门日常基本不看邮件，大家沟通主要靠面谈或电话。无疑，这提高了沟通本身的速度，可是，往往容易将内容引向务虚的一面。很多想法，却没有实施的步骤和每步的时间要求，到头来，还是伤害了效率。

比如，领导让你起草一个营销方案。你写好后，根据老板的习惯，将内容打印出来，拿给他看。的确，对于这一回合，你节省了时间，不用再花上5分钟，发个邮件给他。可接下来，沟通的次数，就意想不到地提高了。他边看边听你讲，然后从大方向上说了几点意见。你回去后，回忆了一下他的意思，用了一天时间改完，又和他约好了第二天面谈的时间。再谈时，他又忽然冒出一个念头，希望加在方案中。于是，你只好继续改。就这样，一来二往，折腾了很多天。

大家一定对不少正式下发的方案题目中，那个“V儿”的标识不陌生吧。曾看到一位同事埋头苦写，我瞄了一眼，已经第12版了，我关切地问道：“老兄，你这儿在造发动机呢！都已经成最强劲的V12了，怎么还没搞定呢？”他郁闷地摇了摇头，说：“哎，没个准信，领导想法总变，又要求特细，你说咋整？”

“潜规则”之会议机制

这让我想起了另一种沟通方式——会议。可能很多人会把会议上时间的浪费，归咎于一些人说话啰嗦。由于在总部上班，开会成了我的一种常态。然而根据我的观察，会议效率之所以低，关键原因还不是某个人的说话习惯不好，而是常常被忽略的一种因信息不对等所引起的“理解时差”。

“理解时差”是指人与人之间，因对同一件事所掌握的信息量不同，或领悟深度不均时，为了弥补和消化其中的差距，而产生的时间消耗。在这段时间中，有差距的一方，基本是一个学习的过程。而信息或思考力占优的一方，则始终处于一个随时普及知识，并适时帮忙其梳理逻辑的状态。整个过程，对于企图通过彼此头脑风暴，而碰撞出火花的初衷而言，“做功”十分缓慢。想想我们经历过的话，大多数时间不都花在了这个不贡献生产力的阶段了吗。

因此，只要能缩短这个时间差，就能为我们快速减少时间成本。方法其实很多，比如在开会前，每个人都要花点时间，先了解一下会议要讨论的议题及相关业务知识，就可以使每个进入会场的人，大致处于一个理解水平上，从而省去了开会时再讲一遍基本问题的麻烦，从而可以直接进入主题。这种机制的形成，不见得非要颁布一条政令，靠领导小试一把“潜规则”的力量，就可以实现。

还记得曾看过的一个有趣的猴子实验：实验人员将 5 只猴子放入笼子里，并在笼子顶上吊了根香蕉。只要有 1 只猴子企图去拿香蕉，立即会有水喷向笼子，每个猴子都会一身湿。当猴子几次尝试，确认了这一规律后，很快形成了一个共识：不要去碰这根香蕉，以免被水喷到。后来，实验人员把其中一只猴子放了出来，换了一只新猴子 A 进去。新猴不知道笼子里有这样一个秘密，于是刚一进去，就奔向了那根香蕉。结果，其他 4 只猴子，不约而同地把 A 拦了下来，并一顿胖揍，因为都怕 A 会害他们淋湿。A 被打得满头包，终于放弃了这一想法。此后，实验人员又换了一只猴子 B 进来。同样，因为想拿香蕉，而遭到其他猴子的群殴，并且 A 还打得特别来劲(暴发户心态)。随着一次次替换，最终，笼内的所有猴子都是新的了，也就是都没被水淋过。同时，喷水的装置也拿走了。但奇妙的是，这些从没被水淋湿过的猴子，竟没有一只再去碰那根香蕉。或许，它们根本不知道其中的原因，只知道这是大家共同遵守和维护的某种秩序。

这个故事，对于我们怎么建立“潜规则”，有很好的借鉴作用。事实上，人的脸皮，比猴子薄多了。哪里需要喷水啊，又不是消防队员。一个眼神，一种表情，就足以拨动我们敏感的神经，扰乱我们万千的思绪。所以，为什么有的领导可以做到不怒而威呢，就是平时费了很多心力，营造出了一种团队格局。他的魅力，不取决于他起草了多少个规章制度，令多少人颤栗惧怕，而是有多少人看得懂他不言的用意，品得透他微笑的内涵。

第八章　营销管理的启示
——个人崛起的发展逻辑

与营销管理打了这么多年交道，我始终觉得，控制成本、提高效益的思想，对于团队或个人，都是相通的。于是突发奇想，在一次和朋友的聊天中，异想天开地提到：既然《国富论》能帮助国家富裕，那么，如果把营销管理的思想移植到个人身上，是否存在一种类似“人强论”的系统方法，可以帮助每个人达到人生的巅峰呢？朋友不以为然地笑我，觉得这个念头太理想化了。理由是个体间的差异太大，成长环境与阅历都不相同，任何企图用一套理论“毁三观”的尝试，都可能在收获少数掌声的同时，被大量唾沫淹死。现在想来，这件事的确不在我的能力范围之内。

不过，这并不妨碍我对共性的一点善意的分享，因为如果大家看了这本书，只对营销管理在企业范畴下的作用产生了点共鸣，我会有点过意不去的。

第一节 “大胆假设”帮我们发现了需求——个人的第一次飞跃

对着前人的经验，我上下求索后发现，不少对个人发展的总结，常常是落在“选择”这两个字上的。比如，一个农村的孩子在城市里取得成就，人们会议论说他有今天，主要因为当初选择走出农村去闯天下。

首先，我表示不反对。反正很多没有意义的话，都说得十分正确，你放哪儿看都是对的。但每次细细琢磨时，总觉得这个说法，在对生活的指导上，似乎少了点什么。“选择”强调的是人在遇到判断时，会做出的一种决定。首先听上去，就多少有些被动的味道。另外，这种相对主观的决策，会受到情绪、环境等诸多方面的影响，本身就有着一定的随意性和变数。即使一个“天天向上”的好青年，也不能保证他的每一次选择，都对自己的未来有益，而只能等到事后，才能做评判。

能不能换一个更加有建设意义的词呢？这让我想起了营销的本质，套用一句男生追女生的名言：若她涉世未深，你就带她阅尽人间繁华；若她心已沧桑，你就带她去坐旋转木马。什么意思？发现并满足客户需求！从这个角度去想，如果把对个人的启示，变成“发现并满足自己的需求”，是不是更加具体和好用呢？

但问题又来了：每个人怎样才能发现自己的需求呢？这实在太难了，不像是你饿了渴了困了这般自然，它不是指向性很强的生理反应，而借用美国未来学家Jane的一句经典描述：这是一种罕见而艰巨的“心理成就”，甚至你没办法在它自己出现前去主动发现。那么我们就只能认命了吗？

当然不是，还记得第三章中介绍渠道营销时提到的“试错精神”吗？我们不要以为自己很了解自己，事实上，我们中的绝大多数人，并不确定自己的专长和能保持浓厚兴趣的点在哪儿，更看不清未来可能取得些许成绩的事业轮廓。怎么办？大胆假设！我们从小不就是这样过来的吗？

比如孩子天生丽质，长了双又细又长的手，就被家长假设可能适合从事音乐，送去学了钢琴。可如果假设搞错了方向，后来证明这孩子在艺术上并无特殊天赋，当不了克莱德曼怎么办？没关系，不当就不当了，培养一个业余爱好，以后同学聚会时比划两下不也挺好嘛。

有人不无担心地提醒：要慎重，完全想好了再做，不然风险太大。可我问你，怎么样算是完全想好？**你以为你本着科学的态度，打着算盘，对你的假设进行持续的论证，就一定能做出一个更加高明的决策？遗憾地告诉你，不可能！**事实上，就算给你安上一个爱因斯坦的大脑，你也不可能想得好。马云就深谙这个道理，什么权威和观念，通通给我让条道，我就瞄准电子商务这个假设，先弄一个"企业黄页"再说。后来，连他自己都挺诧异，怎么就阴差阳错地把阿里巴巴做大了。他时常感慨：在过去十几年里，每一年都感觉自己快要死了，但试着试着，就活到了现在。

那有没有一下子就假设正确的人呢？当然有了，比如巴菲特的助手、公司副董事长 Charlie。他原来一直以为自己热爱思辨，就选择了读法律专业，后来顺理成章地做了律师，成了高薪人士。可他并不满足，天天辗转难眠上下求索，想的是除了帮人打官司外，自己还有什么别的特长。然而，方向的重新定位谈何容易。于是，他想出一个方法：自己每天的第一个小时不卖给别人，只卖给自己，用这一个小时充电，去建立一个新的假设。最终，凭借对自己可能擅长的企业管理方向的猜想，帮他又一次攀上了事业的高峰。

细心的读者会发现，你说了半天假设与试错，好像有点儿避重就轻。就算把需求创造出来了，可真正做起来，是需要投入时间，是有机会成本的。那些梦想成真的毕竟是少数，使用什么招式可以在"假设变现"的道路上走得更远呢？这才是成功链条上的难点！

没错，这说明你已渐入佳境，看到问题的关键了。在这里，我们索性把这个问题再聊得深入一点。大家在初中学辩证唯物主义时，听过一句话：生产力决定生产关系。相信大家还有印象，那好，我想追问一句，如果把这句话放在个人发展的问题上，提高个人生产力的源动力又是什么？换句话说，是什么原因促使我们想到改善自己个人的生产力呢？大脑内部的矛盾！

当你受到了其他人的鼓励或自我悟道后，逐步形成了假设的同时，矛盾就如影子般同时出现了。你会发现，无论你假设自己未来做什么，热门的行业永远竞争激烈人满为患，而冷门行业市场小，可参考的经验又太少。这正像高考填志愿一样，金融贸易方向挤破头，即使听说毕业了僧多粥少，有可能找不着工作。可学个地质考古什么的，又仿佛更不靠谱，被身边人耻笑。恭喜你，矛盾由此产生了，想提高个人生产力的开关被正式触发。可是到了这一步，教科书中并没有告诉我们，假设是如何通过求证方法的变化，从而形成我们苦苦追寻的那个生产力。

可怕的是，**为了求证假设，如果你的算法出错，这些算法最后很可能反噬假设，而使自己得以保留下来。这个病毒式的逻辑，产生了很多愚昧的推论，并彻底地拉开了人与人之间的差距**。比如有些人天真地认为，收入不高是因为当初公司没选对，或大学没读好，那么我只能表示遗憾，不是为你的现状，而是为你的思想。人活得好不好，没人把你钉在哪条板子上限制你的自由，耶稣早已帮我们受过难了，你就不能从自己身上找找原因？如果对每次挫折的反思，都不是琢磨着调整自己的做事方法，而是习惯性地将问题指向当初对方向的假设，那么可能你要想想：为啥我们的列祖列宗经过几千年的实践总结，早早就告诉我们一个“行行出状元”的基本规律。

第二节　“求证方法”改变了个人生产力——个人的第二次飞跃

求证中的方法，是我们解决大脑内部矛盾，通向提高个人生产力这座彼岸的交通工具。就是在这一过程中，个体的差距第二次被拉开了。因为有人坐的是飞机、高铁，有人偏爱小船、马车。大家一看，心想这有什么好选的？所有人肯定都会选飞机嘛。还真别说，就有人打死也不选飞机，你以为是他有心理障碍而不敢选吗？不，这背后其实是一个你对成本和收益的判断过程，或者说因为价值观的差异，导致大家对飞机的看法不一样，从而错把马车当成了飞机，却还觉得自己占了便宜。这和成本有什么关系呢？还别说，奥妙就在这儿。

先介绍两个词：False Positive 和 False Negative，这两个词最早出现在医学领域。Positive 代表阳性，Negative 代表阴性。False 代表什么呢？比如有人 HIV 病毒检测结果为阳性，那人一定痛苦极了。正准备自杀时，刚好接到了医院电话，说报告弄错了，这就叫 False。后来，这两个词进一步演进，代表在做一个决策时，由于难以找到平衡点，而做出的一个对成本有利的选择。

比如，为了预防火灾，我们在办公室的天花板上，都会看到自动喷水装置。这个装置里面有一个烟尘感应器，当烟尘浓度达到一个设定值时，喷水动作就会自行开始。问题来了，我们是应该把这个感应器的灵敏度调高一点，还是应该调低一点呢？显然，太灵敏会导致谁在房间抽个烟，其他人搞不好就会被快速响应的喷头淋成落汤鸡。可是，如果太迟钝，当火势已经蔓延到没法控制时，它才如梦方醒，那损失可就大了。于是，经过摸索与总结，聪明的人类达成了一个共识，将敏感度调至偏向灵敏的一端。宁可错杀一千，不能放过一个，即便它错判火灾，反应过度，也比整个大厦都被烧了强。

回到求证的方法上，我们容易看到和选择的，往往是那个表面一看就觉得成本更低的方案，即把灵敏度调低。不灵敏就不灵敏，火灾能碰上几次，省得动不动喷水这么讨厌。你看，这种选择思路多么省心惬意。

灰太狼如果变成人，一定是个思想特别纯粹的文艺青年。每天充满童真，除了抓羊哄老婆开心，基本没别的烦恼。而且就我判断，它家肯定藏了不少别的零食，不然为啥一直没吃过羊，却没见他营养不良呢？你可能也会好奇，为啥它被喜羊羊捉弄了2 347次，足迹能绕地球954圈，可还是捕不到羊呢？有人看出了励志的味道，特别推崇这种锲而不舍的精神。有人看出了爱情的伟大，陶醉于两位灰太狼之间相濡以沫的浪漫。还有人特有环保意识，觉得是因为环境污染，小羊吃的青草里含有农药残留物，害得人家不敢吃。而我以为，灰太狼家族的失败，根源在于缺少分析的习惯和能力。它们近乎本能地会往False Negative这一条路上走，即用看似最划算的策略就事论事，将原因简单地看作捕羊工具坏了，或者天气原因。从锻炼脑细胞活动的角度而言，他们选择了一种成本较低的方式。虽然这种放松大脑的行为，对于这对不吃羊也能活着的神奇夫妻来讲不算什么。可你总逮不住羊，观众就着急，还得陪着你看，导演还得写剧本，这都是成本。当然，这只是一个比喻，在真正狼的世界里，自然界是不会耐心地等待你犯上千次错误的。不会从捕猎中思考的狼族，早已在激烈的物种进化中消失了。

我们比不了灰太狼的好福气，没办法依靠一个导演为你的人生设计一条路，走着不顺了，转头贿赂一下编剧，直接把剧本改了，再出个第二季、第三季，想咋玩就咋玩。我们不得不有意识地去改变那种只是为了省事，而不爱思考的习惯或是本能。

接下来，就有人问了，OK，我现在决定开始努力培养动脑筋的习惯了，可是有点没方向，应该往哪儿使劲才对呢？有了这个念头，我们开始讲那条可持续发展的False Positive之路。

我们先来再认识一下现在这个“大数据时代”。人们彼此之间每天都在进行着密集的协作，频繁的接触。在这个过程中，信息得到了交换，方案获得了讨论，政策得到了修正，每个环节都是在你来我往的闭环中进行的。还记得本书第五章讲到的闭环营销吧，其本质就是让你装个“倒车雷达”，通过声音的不同，来表现汽车和障碍物之间的距离变化。这种方法，在一定程度上降低了我们思考问题的难度，但与此同时，更激活我们大脑的分析能力。就在你边听雷达音，边从后视镜中观察四周情况的时候，大脑止借助听觉与视觉的相互作用，一遍遍不断地进行着有关位置的精确计算。

此外，还有一种方法也能帮你安全到位，就是请副驾驶位上的朋友下车帮你察看。但前提是，你需要将车窗放下来，并要确保对方的手势和声音连贯，从而将整个倒车动作放在一个彼此交互的环境中完成。因此，有了这种闭环平台的搭建，只要司机不傻，很快就能不借助外力，判断自己车的位置了。从而，象征着生产力高低的驾车水平，便彻底提高了。

然而，一定有朋友会问，这也太奢侈了吧，还有这么一个闭环的平台。要是我没这条件，是不是就没得玩了？当然不是。仍以倒车为例，其实我们中的大多数人，都处于这种情况：没人没钱，只能靠自己下车，绕到车屁股后边看看，回到驾驶座，跟着感觉往后退点，然后再下来察看。如此反复好几次，才能成功。你可别嘲笑人家技术不行，停得歪七扭八的车多得是，这才叫对自己的要求。

还记得“小马过河”那则寓言故事吗？它之所以能过河，绝不是一次偶然事件。首先，它发现了河对岸长满了悠悠的青草，便产生了一个假设，并想象了一下自己在河对岸吃草的样子，感觉不错。然而根据假设与矛盾并存的理论，小马很快就发现，河水有些湍急，好像有点儿力不从心。它不免有些犹豫，如果掉头走了，看似成本最低，却可能是一个 False Negative。并且早就听大象说过河水很浅，可以放心过去。可是如果选择过河这种相对高成本的 False Positive，又让它想起了松鼠的劝告，它们的一个小伙伴上周就被冲走了。结果，小马好像是上过这课一样，竟选择了 False Positive 的方式，忐忑不安地走进水中。

此时，小马到哪儿去找闭环平台去，唯有靠自己的大脑，依靠思考能力，不断创建出各种可能的画面，并加以分析。比如，脚踩下去如果是圆石头怎么办？如果是方石头怎么办？如果被水草缠住了又怎么办？可能它还会想：如果我在过河中遇上了河马，是不是和它也交个朋友，下次可以请它上我那儿考察一圈，没准还能合作个项目啥的。后面的剧情大伙都知道，就是小马顺利地到达了河对岸。正是凭借它身上的这种就问题不断思考各种解法和其他衍生效益的思维习惯，帮助它走完了从求证到提高生产力的这“最后的一公里”。

有人说，小马是幸运的，至少它在河里没碰上鳄鱼。而在我看来，这正好是一次必然的个人成功历程。从一开始因为假设而出现的矛盾，到一个看似成本较高的选择，再到一种“反刍咀嚼”问题的思维方式，行为上步步推进，逻辑上严丝合缝。事实上，我们不会因为一次提高生产力的尝试而被淹死。即使碰上鳄鱼，也是我们锻炼化敌为友这项能力的机会。

静止不会出错，但也绝不会成功；运动难免失手，却注定成长。没有一个强者，不是在看似没头没脑的反复碰壁中，总结出自己的一套方法的！学不会动脑筋地试错，我们对一件事，将永远没有办法得到切身体会和见地，也不可能形成自己的生产力。随口说出的评论，无非是道听途说的谈资罢了，没法深入，经不起推敲。

以上描述的个人崛起逻辑是线性的、不受干扰的，而实际情况则复杂很多，不然怎么常会听到有人感叹：看了很多成功学的书，听了好多励志的话，却还是过不好自己的人生。在理想变现的过程中，导致行为变形的外在因素是环境变量，树欲静而风不止，你能在一个环境或组织中“安静地做个美男子”而不受到身边任何因素的干扰吗？答案是绝不可能。特别是在大数据时代，人与人之间的协作频率史无前例地提高了，没有人可以孤立存在，你总在和身边各种人际关系所形成的共同体相互作用，任何想法和决策其实都是在这种复杂的作用力下形成的，无论你本人有没有察觉到。就算隔离世事，也会受到空气、阳光、细菌、尘埃等因素的影响，有谁能逃得过“被影响”？

在这些“被影响”的因素中，如果是好的影响，当然是我们的福气，比如遇到贵人，比如天气晴朗，这些因素越多越好。可人生不如意十有八九，幸福似乎总是短暂的，我们好像遇到的总是小人，拉开窗帘老是阴天。每个人身边都有许许多多挥之不去的问题和困难，特别是按本章介绍的个人发展逻辑，去改变命运的人，本来不试错还好，一试错更加感觉生活如此艰难，更令人崩溃。马云在香港演讲回忆创立阿里的这十几年，无不心有余悸：如果知道会遇到这么多麻烦，可能就不做了。这让我想起美国畅销书《少有人走的路：心智成熟的旅程》开篇所写的：人生苦难重重。

正因如此，企图完成个人崛起的人必须练就一种本领，才能保证本章所讲的崛起逻辑顺利实施，那便是一种“内圣外王”的心法。这种心法练成后的目的不是屏蔽外界环境的影响，那只是心法的 1.0 版本，事实上那些影响避不开的。恰恰相反，这里要说的 2.0 版本是朝着好坏各种刺激扑过去，拥抱并吸食它们的精华，好像在体内形成了一种“酶”，将其全部转化成自己的养料。这和一句话味道相投：谁说只有美好的东西才能净化心灵？丑恶的东西同样可以净化心灵。当我们能理解并吸收不经筛选的好坏万物，进而转化成能量时，就恰如练成了金庸笔下的“吸星大法”，外界再怎么变，对你都只剩下正向作用了。好了，那么请问，这种本领最终练成与否有没有标准呢？或者说如何知道自己有没有这种“酶”呢？

根据我和许多优秀的创业者或名企高管交流，发现了一个标准，在这些人身上有一个共性，即在绝大多数时候，都能从身边的人与事当中感觉到喜乐。具体表现是总能看到这个社会的美好，哪怕刚经历了令人烦心的乱象；总能感受到别人的可爱，哪怕刚刚被这个人骂过；总能有种感恩从心里涌出，哪怕刚刚受到不公的待遇；总能带给别人以希望，哪怕眼下已身临绝境。

上述标准初一看和人性有些相悖，不是说人若犯我，我必犯人吗？怎么还能从这些人身上看出可爱？要理解这点，我从三个观念入手来分析。

少抱怨，少争对错，真相不重要

对小事爱抱怨较真的个性，首先源自人生价值观的变异。当一个人对自己要求很高，整天忙着“修身”时，他的幸福感来自对自我变化的满足，同时，这将占用大量时间，导致他根本无暇顾及外围事情的是非对错。这也是为什么绝大多数成功人士都比较包容，因为有太多事需要他们处理了，自然会屏蔽一些鸡毛蒜皮的小事，以提高其“容错度”。而当一个人对自己没啥要求时，生理就很奇妙地会提高对别人和周围环境的要求，以作为对无聊的补偿，成就感的来源就变成了从别人身上发现问题，好像这样显得自己目光犀利有存在感。于是，他们容易觉得别人不好，这个社会不对，这个时代有问题。

那么，这个时代有没有问题呢？英国作家狄更斯在《双城记》里说过，“这是最好的时代，也是最坏的时代。”每种社会都有自己的问题，也都有其可爱的闪光点。最近有段5分钟的网络视频《Hi，I'm China》被频频转发，它给我带来的感动不是画面的炫美，而是内容的平和，语言结构是这样的：“这是中国的城市，这也是中国的城市；这是中国的农村，这也是中国的农村；这是中国的孩子，这也是中国的孩子……她百病缠身，她也朝气蓬勃；她老旧凋蔽，她也焕发新生……”这个世界，没有任何东西绝对的好或绝对的坏，而总是一个美中有丑、丑中有美的复杂综合体，哪怕蚊子的存在也充满意义，成为食物链中的一环。**与人相处时，当你每天只能看到对方的缺点时，便错失了向其优点学习的机会**。

喜欢抱怨或争论还有一个原因，是这些人强迫症般地爱去寻找真相，用一个以为的新真相去颠覆已有的旧事实，作为与人理论的资本，从而获得快感。其实很多时候当我们感觉不爽时，都以为了解了事情的全部。其实，真相是世上最神秘稀缺的东西，甚至可能倾其一生也无法找到，因为真相只存在于每个人的心里，而人又是变化最多的生物。每个人都有自己的内心世界，只是我们交流的频率或方式不同，从而令你内心荡起涟漪，以为别人不讲道理。

听说星爷周星驰小时候家里比较贫寒，吃饭时周妈给他夹肉，他却故意把肉扔到地上。周妈很生气，常常打他，觉得儿子太不懂事了，不知道珍惜来之不易的食物。可谁知很多年后，当家里经济条件好起来时，在一次闲聊中，星爷告诉他妈妈，当年之所以把肉扔在地上，是为了让妈妈也吃肉。因为当年穷，直接给，妈妈舍不得吃，专捡残羹冷炙，如果掉地上，妈妈舍不得扔，才会洗洗吃了。周妈听完当场落泪。

当我们看到自己不喜欢的人或事时，如果能平复几秒钟，去想想对方奇怪行为背后可能有着不为人知的不易，或是想想还好事情没有更糟，都是预防较真而带来的情绪起伏的好方法。事实上，我们大脑处理信息时，一个有争议的特点就是“简化”，**习惯将一个有着多重变量的“相关关系”问题，朝着一个“因果关系”的方向推演，臆断和暗示填补了在这个过程中无关的离散信息间的联络，使之连贯合理，从而看上去显得逻辑通顺**。可这毕竟是大脑的后期制作，它距真理早已十万八千里了。

探求真相和追求真理从来都是两回事，追求真理完全没必要通过苦寻真相而折磨自己，接受真相难求的事实，不就没了纠结。那么既然放弃了真相，便也没必要再死磕事情的对错，因为对中有错，错中含对，不如用纠结的时间去想想别人可能会对在哪里，这样一来，立刻多了营养，也才能回到个人崛起的主旋律中。紧跟着，真理便自己追过来了。

将“感恩”作为一种习惯

2015 年元旦公司管理层在新加坡跨年，听说政府将于零点在鱼尾狮公园上空，举行盛大的迎新烟火表演。我从位于 Orchard 路西面的酒店一路步行走到了 Marina Bay，选了处障碍物较少的地方，望着天，等着零点的到来。

身边挤满了印度人、马来人、新加坡人……他们有小情侣、好基友，也有一大家子老老小小倾巢而出的，临近零点，大家都拿着手机，对准了天空。随着第一柱烟花的绽放，表演开始了，人群满是欢呼声，闪光灯亮成一片。也许是在国内烟火看多了，再加上对这次跨年主题的期待，看了片刻就开始失望，烟花的形状和密集度，好像较想象有不小差距。更没想到的是，还不满 5 分钟，随着最后一响，天空就恢复了平静。正当困惑之际，人群中已响起了雷鸣般的掌声。显然，有经验的当地人知道，表演已经结束了。就在我纳闷时，身边的人已开始拥抱，互致新年问候了，仿佛丝毫没觉得这场苦等多时的表演有何不妥。当我们凡事都想着"高大上"才够味时，他们却对形式给予了近乎本能的宽容，不是因为见识少，而是他们感恩，从政府这样的烟火秀中，已经收获了快乐。

回去路上，我依然是步行，不是不想打车，是真的打不到。看着身边来来往往的人群，每个人的脸上都写着激动与幸福，这是在国内不常见到的一种情绪。

另一件令我感动的事发生在新加坡圣淘沙的环球影城。影城里人山人海，每个项目都设置了长长的蛇形环道，供游客排队。在玩好"变形金刚"和"木乃伊归来"这两个经典项目后，我们在"侏罗纪公园"上排起了队。有了前两个项目的心理准备，侏罗纪近1个小时的等候似乎没感觉焦虑，同事们聊着天，一点点往前移。巧的事发生了，在即将要排到准备登船漂流时，忽然广播通知，因技术故障，要抢修设备，该项目暂时关闭。

我相信这样的事不常发生。5分钟后，队伍中的一些人满脸愤怒，选择了离开。10分钟后，几个中国游客开始念念有词，嘟囔着:"什么情况，有没有搞错？热死了！这个破地方真是太差了!"终于，技术问题在一刻钟后解决好了，几个技工从设备间里钻了出来，汗流浃背。当广播通知游戏恢复时，几个印度人带头鼓起了掌，紧接着，其他人也跟着欢呼起来。我想，除了对没白排队的欣喜外，更是对那几位技工由衷的赞扬。不知那几位骂着脏话离场的人，在得知这一情况后会作何感想。每个人都不容易，珍惜已有的，习惯去理解别人，并发出由衷的鼓励和赞美，是一种珍贵的素养与情怀。

我不确定新加坡的繁荣，与东南亚这些民族感恩的性格有多少关系，**但我知道心存感恩的人，往往具有一种看不见的能力**，这种能力的作用至少表现在三个方面:一是令你显得比较谦虚，使接触过你的人愿意帮助你，在别人忙着存钱时，你存下了交情。二是使敌人不容易发现你，即使发现了也不忍伤害你,你的社交成本比较低。三是可以助你屏蔽杂音,心如止水地专注做好眼下的事,这种阿甘般的投入与聚焦,大概是“傻人有傻福”的存在逻辑。

不要因为暂时的逆境过多影响心情,甚至向身边人发脾气。我们因有这样的心态:顺境时要感恩,但要格外小心,且行且珍惜,顺与逆就像太极的阴阳一样,始终在相互转化中。逆境时更要感恩和欣慰,因为顺境就不远了,成功往往在再坚持一步的努力当中,很快都会好起来的。

复杂并不难,难就难在简单

在企业里,我们常能看到一类人,他们好像人缘不错很吃得开,身边总不缺小伙伴。同时,消息还很灵通,仿佛大小事什么都知道一点,扮演着各类信息八卦和传播中枢。可遗憾的是,我观察了许多这样的人,没有一个业务和人品都特别过硬的。公司经营状况好时,他们扮演着无间道的角色,乐此不疲地混迹在各种圈子中,享受着道听途说时听众的眼神,而对自身给组织创造价值这件事毫无兴趣。一旦企业声誉或盈利出现点困难,这些人往往第一个倒戈,投向其他公司怀抱,反正平时也没少说这里的坏话。有人的地方就有江湖,因为这样的人总是以一定的比例存在,将一方水搅浑,这是他们的生存哲学。他们爱聊的是职场斗争心得,关心的是谁又说了谁一句坏话。

要说宇宙有什么规律,那么“任何复杂的存在都是缺少前途和生命力的”一定是条铁律。古人用一张简单的“太极图”就把世间的道理讲完了,苹果公司用了一块触摸屏就把所有按钮问题解决了,当年爱因斯坦在寻找能量与质量关系的方程式时,有过许多推导和尝试,其结果他不需要验证就否定了,因为公式看上去不够简单。最终,当他写出那个著名而又美丽的 $E=mc^2$ 公式时,上帝都笑了,真不愧是道法自然,万物的规律就是这样意想不到的简洁。

这让我想起契诃夫的著名小说《一个官员的死》中的那位年轻官员,在剧场看戏时因为打了个喷嚏,不小心把唾沫星子喷在了前排一位将军的头上，于是恐慌不安后怕不已，在多日寝食难安的折磨下，最终自己把自己吓死了。虽然这是个小说人物，却说了一个很有用的道理，即我们常常喜欢把问题搞复杂。小说中的年轻官员思想活动复杂，始终担心得罪了将军会受到惩罚。

我们总是这样，由于对未来并不确定的一种可能性的恐惧或是贪婪，导致今天的行为动作变形，忙着为进攻和防御早做准备。而由于你动作的变形，又引起了其他人对你态度或行为的相应变化，于是事情开始变得复杂。

要使事情变简单，具有一种"过往不恋"的自觉十分重要。复杂都源自内心，原因是内心容易对发生过的事情恋恋不忘，反复琢磨玩味，于是想象的成分便融入其中了。谁都知道"过去的就让它过去吧"，可一旦遇到事情，就过不去了。经验是值得总结的，可心里总装着利弊得失，就显得浪费时间了，因为都已发生，不可改变，变数只存在于当下正在做的事当中。

要把握当下，"当时不杂"是一种关键的思维习惯。当遇到事情时，我们常被各种外界噪音所左右，东听听，西想想，自己筋疲力尽不说，决策往往是错的。当年亚历山大远征小亚细亚时，遇到了一个巫师用绳子绑的死结，预言谁能打开将征服全世界。多少英雄遇此死结，前思后想患得患失，无法集中精力解决问题，始终未能解开。而亚历山大很专注，什么也没想，刀起绳断。要做到这点，需时刻提醒自己：直接去做对的事，其他的不要想太多。

在个人崛起的过程中，以上这些观念可以帮助我们形成"内圣外王"的心法，利用或战胜各种环境因素，并使我们可以感知自己的进步，在试错和求证的探索之路上，踏出接近准确的节拍。当自己改变时，我们作为一个能量场的磁性便增强了，周围的东西自然也随之改变，我们就能去影响和改变这个世界了。

以上这些，就是营销管理留给我们的一点思考。无论咱们身处哪个行业，都可以去想想本章所提出的这条个人发展的线索，去品味这跨界交流所带给我们的惊喜与快乐。

后　　记

闭关修炼了几个月，窗外不觉已从“荷花别样红”，变成了“天寒色青苍”。终于，又到了写后记的时候。

就在上周，一位朋友听说我这本书已近尾声，无不惊讶地问：“你不是才写了一本营销管理这个主题的书吗，怎么还有东西写？这两本书是不是有不少雷同的地方？”

我回答道：“可以负责任地告诉你，这两本还真就完全不同。”这不仅体现在案例上，更表现在思想上。第一本书有点儿像部科教片，把自己工作中所经历的事，按不同分类，填入到传统的营销管理模块中，营销主管拿来就能用。而这本书更像一部有启发性的商业片，本着“水煮三国”般死磕玩味的态度，通过许多耳目一新的观念，着力引导读者培养一种看问题的独特思维。并在最后一章，将营销管理的方法，投射到了个人发展的命题中。

为什么要研究思维的问题？因为一次前所未有的大数据时代已经到来。传统社会中的组织结构和商业模式，正在发生着剧烈的变化，这其中当然也包括营销模式。缺少思考的重复劳动，将消耗我们预判未来的能力，使我们只能守着各种狭隘陈旧的观念，苟延残喘地保守着已有的“存量”，挣扎在自己那片即将被吞没的旧大陆上，如原住民般无助地等待着那个不知从哪儿冒出的一波大浪。

前几天，听到一个笑话：有一天，当外星人从几万米高空俯视地球时，在这种外来生物的眼睛里，或许地球上只有一种生物，叫做汽车，而人变成了燃料。因为他们发现，一旦有人进入车里，车就可以动了。听起来多么无厘头的一个想象，但你怎么知道一定不可能呢？至少，这种与众不同的思维，可以启发我们看问题的一些不同角度。

可是，这种奇怪的思维，对我们的工作生活究竟有啥好处呢？伟大的经济学家凯恩斯在1932年曾预言，再过100年，也就是2032年，人类的基本需求就将全部得到满足，也就是温饱再也不是什么问题了。目前，美国2%的农业人口，就已经养活了所有美国人。随着科技的进步，3D打印、智能机器人的成本会越来越低，最终，可能5%的人就可以制造所有的工业产品了。那么，剩下超过90%的人干嘛呢？他们会失业吗？恐怕不会。大伙全部转入到广义的服务业中，特别是进到满足人性基本需要的体验式经济中。比如，大家可以自娱自乐、互相服务：我给你唱个歌，你给我跳个舞，很欢乐嘛！

曾有朋友提醒我互联网时代的机会已经过去了，还是要用实体经济的思维思考问题。而与此同时，另有一批坚定的网络狂人却在琢磨：未来人类是否又可以像单细胞生物变成多细胞动物那样，通过互联网这一神经系统的作用，进化成一个全新的物种。

我不知道答案，但可以确信的是，因为大数据和互联网，人与人之间的协作成本大幅降低了，市场中的机会注定越来越多了。我们其实大可不必急着做愤青，愤青的队伍里又不差你这一个。与其过过嘴瘾，不如务实一点，先做一只“犀牛鸟”，在互联网这只大犀牛身上，找到自己“下嘴”的位置。这就像守门员在等待对手罚点球一样，不要有什么精神负担，果断站好位置即可。我们完全可以大胆假设球的方向，在对方出脚的一瞬间，按自己的判断，潇洒果断地扑出去。错判了方向又怎么样，扑不住点球很正常，只要扑住一次，你就成功了。

这让我想起一个段子：当崇拜者问米开朗基罗，大卫像为何可以雕刻得如此惟妙惟肖？这位大师用一种艺术家式的浪漫情怀回答道："其实，大卫一直都在那一块大石头里，我只不过把不是大卫的部分去掉了而已。"对啊，想想真有味道！我们在面对各种管理问题，或是个人发展的问题时，其实解法都在那块大石头里。关键是看我们是否有勇气做一个假设，并开动脑筋运用好求证的方法，从而寻找到我们每个人的"大卫"。

去年在深圳讲课时，正好赶上党的十八届三中全会召开。南方的同事们，受特区优惠政策的影响，对这类大事都很上心，课堂上议论纷纷。其中一位同事问我说："Tony，你看深圳前海和上海自贸区哪个机会更多？"我说："这个问题好难答，我也没去这两个地方开过公司，而且不同行业可能情况还不一样。但我可以确定，将来会更好。在监管适度松绑的未来，政府将采取'放'的策略，或许更多地方都有机会迎来特区政策。"从国家不断释放的改革信号可以肯定，虽然经济结构难调，虽然转型成本很高，但政府已下决心先做起来了，有没有石头可摸暂且不论，河是一定要过的。而我，打算迎着福音，继续探索大数据时代中的营销管理的新模式，在体验式经济崛起的今天，为大家多捧点有趣又有料的精神杂粮。

在此，我要衷心感谢上海交通大学出版社各位领导，特别是提文静主任和徐唯编辑一直以来对我指导和帮助，你们的专业和热忱，是我永远不会忘记的。

末了，再次将最美好的祝福送给你——我的读者。您在书中收获的每一点快乐，都是我写作的最大动力，期待收到您宝贵的意见或建议。微信：Tony629548；邮件：zhangxuanrong0302@hotmail.com；新浪微博：Tonyzhang_home。

谢谢你们，后会有期。

张轩荣

2015年3月于杭州　桂语山房